Manfred Kiesel

Kreativer Kunstunterricht in der Grundschule

Arbeiten mit Farben

 Auer Verlag GmbH

Gedruckt auf umweltbewusst gefertigtem, chlorfrei gebleichtem
und alterungsbeständigem Papier.

5. Auflage 2007
Nach den seit 2006 gültigen Regelungen der Rechtschreibung
© by Auer Verlag GmbH, Donauwörth
Alle Rechte vorbehalten
Das Werk und seine Teile sind urheberrechtlich geschützt. Jede Nutzung in
anderen als den gesetzlich zugelassenen Fällen bedarf der vorherigen schriftlichen
Einwilligung des Verlages. Hinweis zu § 52 a UrhG: Weder das Werk noch seine
Teile dürfen ohne eine solche Einwilligung eingescannt und in ein Netzwerk eingestellt
werden. Dies gilt auch für Intranets von Schulen und sonstigen Bildungseinrichtungen.
Umschlag: Glas AG, Seeheim-Jugenheim
Gesamtherstellung: Ludwig Auer GmbH, Donauwörth
ISBN 978-3-403-03073-7

www.auer-verlag.de

INHALT

Vorwort 5

Klasse 1–2:

Großes Tier in bunter Umgebung
(Malen, Mischen) 6

Hexensuppentopf
(Maltechniken, Bewegung) 8

Jahresringe des Fantasiebaums
(Maltechniken, Mischen) 10

Negerküsse (Maltechniken, Mischen,
Farbbedeutung) 12

Aufstieg der Luftballons
(Maltechniken, Gruppieren) 14

Bunte Bausteinstadt (Anordnen) 16

Klasse 1–3:

Ein Zierfisch (Farbwirkung) 18

Struwwelpetras bunte Haarpracht
(Maltechniken, Mischen) 20

Feuerwerk (Maltechniken, Bewegung) 22

Riesenbuntschnecke
(Maltechniken, Mischen) 24

Wasserbewegungen
(Maltechniken, Bewegung) 26

Klasse 1–4:

So ein Durcheinander
(Experimentieren, Anordnen) 28

Abklatschtechnik
(Maltechniken, Ausdeuten) 30

Buntes Geschenkpapierbild
(Erproben, Gestalten) 32

Blau, blau, blau …
(Mischen, Anordnen) 34

Bunte Blumenwiese aus Farbpunkten
(Farbbedeutung) 36

Gemaltes Geschenkpapier
(Maltechniken) 38

Veränderungen
(Maltechniken, Verändern) 40

Blaugrünbrauner Unterwasser-
garten (Farbbedeutung) 42

Ein normales Tier im Lilaland
(Mischen, Farbwirkung) 44

Spritz- und Klecksbild
(Erproben, Bewegung) 46

Leuchtturm einmal anders
(Farbwirkung) 48

Strandtuch mit Krimskrams
(Anordnen, Hervorheben) 50

Wackelpuddings mit Soßen
(Mischen, Farbbedeutung) 52

Konfettiregen (Erproben, Anordnen) .. 54

Nass-in-nass-Malerei (Maltechniken) .. 56

Malen und Zeichnen mit dem PC
(Erproben, Farbwirkung) 58

Gut sichtbar präsentiert
(Hervorheben) 60

Kuscheltiere in sanften Farben
(Mischen, Farbwirkung) 62

Eine bunte Mischung Gummibärchen
(Drucken, Anordnen) 64

Dschungelbild überarbeiten
(Erproben, Mischen) 66

Rotes Wut-und-Zorn-Bild
(Farbwirkung, Farbbedeutung) 68

Klasse 2–4:

Eine Streifenschlange unterwegs
(Figur, Grund) 70

Bunter Blumengarten
(Farbwirkung, Anordnen) 72

Der Sturmwind biegt Bäume und Äste
(Bewegung) 74

Das Chamäleon ist kaum zu sehen
(Verbergen) 76

Schillernder Riesenkäfer
(Farbwirkung) 78

Saftmischungen
(Mischen, Farbbedeutung) 80

Verblasen von Farben
(Maltechniken, Erproben) 82

Eisbecher im Eisfach
(Mischen, Farbbedeutung) 84

Gut und schlecht versteckt
(Hervorheben, Verbergen) 86

Obst/Gemüse im Mixer
(Farbwirkung, Farbbedeutung) 88

Vulkanausbruch
(Maltechniken, Bewegung) 90

Herbstasternblüten
(Mischen, Farbbedeutung) 92

Im bunten Plastikkugelbad
(Anordnen) 94

Klasse 3–4:

Auf der Terrasse
(Maltechniken, Farbwirkungen) 96

Meine Hände in Farbe
(Erproben, Verändern) 98

Im Regenbogenland
(Farbbedeutung, Farbwirkung) 100

Musik und Farbe (Farbbedeutung) 102

Erschrockene Gestalten
(Farbbedeutung) 104

Borstenpinseldruck
(Anordnen, Farbwirkung) 106

Fantasieflaggen
(Kombination unterschiedlicher Farbflächen) 108

Feuersbrunst
(Farbwirkung, Farbkontrast) 110

Ich verstecke ein fröhliches Ereignis
(Verbergen) 112

Nach der Schlammschlacht
(Anordnen, Verändern) 114

Blick durch die rosarote Brille
(Mischen, Farbwirkung) 116

Ein Fahrzeug rast vorbei (Bewegung) . 118

Durch die Schlammpfützen
(Bewegung, Farbwirkung) 120

Ich als ... (Verändern, Farbwirkung) .. 122

Mit dicken Konturen
(Mischen, Farbdifferenzierung) 124

Spiegelbilder (Figur und Grund) 126

Die Erdfarben wollen zu den bunten
(Farbdifferenzierung) 128

Flimmernde Sommerhitze
(Maltechnik, Farbwirkung) 130

Landschaft von oben gesehen
(Anordnen) 132

Klasse 4:

Buntes Stillleben mit Obst
(Farbwirkung, Anordnen) 134

Sonnenuntergang (Farbbedeutung) ... 136

Traumlandschaft (Maltechniken,
Anordnen, Farbwirkung) 138

Starke Quellwolken ziehen auf
(Mischen, Farbwirkung) 140

Nah und Fern
(Farbwirkung, Raumwirkung) 142

Arbeitsmaterialien/Kopiervorlagen:

Bunte Blumenwiese aus Farbpunkten
(nach Bonnard) 144

Dschungelbild überarbeiten 145

Das Chamäleon ist kaum zu sehen ... 146

Die Schildkröte ist kaum zu sehen ... 147

Saftmischungen 148

Auf der Terrasse (nach Renoir) 149

Ich als ... (nach Picasso) 150

Weiterführende Literatur 151

Bildnachweis 151

Vorwort

Wenn man seinen SchülerInnen etwas nahebringen will, muss man selbst davon überzeugt sein, man muss „dahinterstehen", man muss helfen und beraten können. Schülerinnen und Schüler sind sensibel, sie erkennen Ihr Engagement. Eine Vorbereitung, so kurz sie auch immer sein mag, sollte auch immer eine praktische Vorbereitung sein. Zumindest dann, wenn eine neue Technik, neue Materialien oder neue Problemstellungen anstehen. Eine solche Vorbereitung entspannt hoffentlich, Sie erfahren Möglichkeiten und Schwierigkeiten, Sie wissen also, was Sie Ihren Schülerinnen und Schülern abverlangen.
Unterricht in der Grundschule ist oft auch Unterricht in Zusammenhängen, ohne Klingel, ohne ausgeklügeltes Fachlehrersystem. Das ermöglicht Freiräume, aber auch Abhängigkeiten. Viele der vorgestellten Aufgaben lassen sich motivisch/thematisch verändern und den jeweiligen Zusammenhängen oder Arbeitsgebieten anpassen.

Malen sollte etwas anderes sein als Zeichnen. Farbe darf nicht nur zum Kolorieren einer Zeichnung verwendet werden, Farbe kann durchaus für sich stehen. Unterschiedliche Aufgaben und unterschiedliche Farbmaterialien eröffnen ein großes Spektrum anregender malerischer Techniken.

Auch im Kunstunterricht soll etwas dazugelernt, sollen Erfahrungen gemacht, soll die Wahrnehmung verfeinert, kreatives Verhalten gefördert werden. Solche Zielsetzungen verlangen einen Unterricht, der nicht nach dem Motto „Vormachen - Nachmachen" abläuft, sondern der Freiräume zum praktischen Experimentieren und Erproben schafft, der Problemstellungen aufzeigt, der unterschiedliche Lösungen zulässt.

Schülerinnen und Schüler brauchen auch im Kunstunterricht Anhaltspunkte, Orientierungshilfen. Deshalb sind Kunst- und Werkbetrachtungen unverzichtbare Bestandteile dieses Unterrichts. Kunstwerke sind fast nie eindeutig, unterschiedliche Auffassungen können gebildet und erörtert werden. Dabei sind kulturelle, soziale, politische und historische Kontexte nur sparsam und altersstufengerecht zu berücksichtigen. Einsetzbare Kunstwerke mit Bezugsquellen und andere Objekte zur Betrachtung werden genannt. Es können natürlich auch ähnliche Werke von anderen KünstlerInnen eingesetzt werden.

Die Angabe der Klassenstufe dient lediglich der groben Orientierung, die Zeitangaben sind Erfahrungswerte, die sich ausschließlich auf die Dauer der praktischen Arbeit, also ohne Einführungen, Zwischen- und Schlussbesprechungen beziehen.

Das Material ist in der Regel nicht teuer und einfach zu beschaffen. Wichtig dabei ist, dass Sie mittel- und längerfristig alles sammeln lassen, was für den Unterricht Verwendung finden könnte. Kunstunterricht „lebt" vom Material. Unterschiedliche Materialien bringen Abwechslung, neue Ideen und Herausforderungen. Die Anschaffung eines kleinen Eimers weißer Dispersionsfarbe lohnt sich auf jeden Fall. Wichtig ist, dass Farbkasten und Pinsel sauber gemacht werden.

Notwendige Arbeits- und Kopiervorlagen finden Sie im Anhang. Sie sollten sparsam eingesetzt werden, sonst verlieren sie ihren Aufforderungscharakter.

Die jeweiligen bildnerischen Probleme sind in den Zielsetzungen formuliert, ab und zu verraten auch schon die Motivstellungen, worauf es ankommt. Auf Beurteilungskriterien und Vorschläge zur Stundengestaltung wurde bewusst verzichtet. Zum einen ist individuelle und gemeinschaftliche Rückmeldung wichtiger als Beurteilung. Zum andern sollten Sie für Ihre bestimmte Klassensituation, eventuell sogar mit Ihren Schülerinnen und Schülern, ein, zwei oder drei Beurteilungskriterien festlegen können. Vermeiden Sie ein „Nachschieben" vorher nicht bekannt gemachter Beurteilungskriterien!

Auch Kunstunterricht soll Abwechslung bieten, deshalb keine Vorschläge zur Unterrichtsgestaltung. Einmal kann am Anfang eine Motivationsgeschichte (Märchen, Geschichten aus Vergangenheit, Gegenwart und Zukunft usw.) stehen, dann ein Bild (Kunstwerk, Plakat, Poster, Folie, alte Schülerarbeit, Objekt), ein (bildnerisches) Problem, eine Technik, Materialien, ein Erkundungsgang, ein Fernseh- oder Filmerlebnis, eine Zirkusaufführung oder Aspekte eines anderen Fachs.

FARBE — GROSSES TIER IN BUNTER UMGEBUNG — KLASSE 1-2

ZIELVORSTELLUNG Umgehen mit Grundfarben und einfaches Mischen. Flächenhaftes und fleckhaftes Malen mit dem Borstenpinsel. Diese Aufgabe eignet sich als Einstieg in die Arbeit mit Farben und Pinsel.

MATERIAL
- Malblock DIN A3
- Borstenpinsel
- Wasserfarben
- eventuell Deckweiß/weiße Dispersionsfarbe

ARBEITSWEISE (Einzelarbeit)
1. Aufnehmen von Farben mit dem Borstenpinsel, eventuell Demonstration der Vorgehensweise.
2. Zunächst wird ein „Wunschtier" (eines, das man „malen" kann) ausgewählt und möglichst groß auf die Fläche gebracht.
3. Ausmalen der Umgebung mit möglichst verschiedenen Farben (kleinere Farbstriche, größere Farbflächen).

ZEITAUFWAND mindestens 30 Minuten

HINWEISE/TIPPS
- Die Größe des Tieres ist korrigierbar/erweiterbar.
- Die Aufgabe kann auch umgekehrt gestellt werden: „Buntes Fleckentier" auf grüner Wiese
- Individuelle Hilfestellungen
- Grundlegende Hinweise zur Aufnahme von Farbe, zum Auswaschen des Pinsels, zum Wechseln des Wassers usw.

WERKBETRACHTUNG
- Schülerarbeiten
- Kuschel- und andere Spiel(zeug)tiere
- Tierbilder von Franz Marc

Marc: Zwei Katzen

| FARBE | HEXENSUPPENTOPF | KLASSE 1–2 |

ZIELVORSTELLUNG	Farbdynamische Bewegungsspuren erzeugen, indem farbige Elemente wie Farbspuren, Farbspritzer, Farbtropfen und Farbkleckse eingesetzt werden. In und aus einem richtigen Hexensuppentopf blubbert, spritzt, quillt, sprudelt und dampft es heraus.
MATERIAL	- Malblock - Tonpapier oder Packpapier circa DIN-A3-Format - Wasserfarben oder Flüssigfarben - Deckweiß - Borstenpinsel und Haarpinsel
ARBEITSWEISE (Einzelarbeit)	1. Malen des Hexensuppentopfs; so, dass man ein wenig hineinschauen und den Inhalt etwas sehen kann. Der Hexensuppentopf sollte das Format mindestens zur Hälfte füllen. 2. Andeuten/Malen der unmittelbaren Umgebung (Rest der Bildfläche). 3. Einbringen der Bewegungsspuren (blubbern, herausquellen, dampfen, sprudeln, spritzen).
ZEITAUFWAND	mindestens 40 Minuten
HINWEISE/TIPPS	- Tische abdecken, ungewohnte/unbekannte dynamische Farbbewegungsspuren erst erproben lassen. - Farbbewegungsspuren erhält man durch Auftropfen von Farbflüssigkeit. Diese kann durch Blattbewegung verlaufen, sie kann auch verblasen werden. Man kann Farbe mit dem Pinsel (über einen Finger) aufspritzen, man kann Bewegungsspuren durch kleine Farbstriche und Farbpunkte darstellen. - Spracharbeit: Beobachtbare Bewegungsvorgänge beschreiben, Ursachen nennen, geeignete Begriffe finden (Deutsch, Heimat- und Sachunterricht). - Übertragen der Malsituation auf andere Themenbereiche wie zum Beispiel Vulkanausbruch, Unfall im Chemielabor, Stahlkocher bei der Arbeit, andere Märchensituationen usw.
WERKBETRACHTUNG	- Schülerarbeiten - Fotos von Bewegungsvorgängen - Kunstbeispiele: Tropfbilder von Pollock, zum Beispiel „unformed figure" (Neckar Verlag) Appel: Köpfe im Sturm Nay: Aquarell blau (Neckar Verlag)

| FARBE | JAHRESRINGE DES FANTASIEBAUMS | KLASSE 1–2 |

| ZIELVORSTELLUNG | Die SchülerInnen sollen lernen, Farben mit dem Borstenpinsel aufzunehmen und in einfache Formen zu bringen, ohne dass die Farben zu stark ineinanderlaufen oder miteinander vermischt werden. Das Malwasser muss ab und zu gewechselt werden, um zu starke Farbtrübungen zu vermeiden. |

MATERIAL
- Borstenpinsel
- Deckfarben, Deckweiß
- Malblock DIN A3

ARBEITSWEISE
(Einzelarbeit)

1. Um eine kreisähnliche oder eine anders geformte Farbfläche im Zentrum der Malfläche werden konzentrische Farbringe angelegt.
2. Farben können direkt aus dem Farbkasten entnommen, einige Farben sollten aber auch selbst gemischt werden.
3. Zum Schluss können die noch freien Außenflächen bemalt werden.

ZEITAUFWAND   mindestens 30 Minuten

HINWEISE/TIPPS
- Man kann die Farbgestaltung weitgehend den SchülerInnen überlassen, man kann aber auch kleine Malregeln (zum Beispiel: Nach einer hellen Farbe muss eine dunkle Farbe kommen) aufstellen.
- Wichtig ist, dass die SchülerInnen lernen, nur so viel Farbe aufzunehmen, dass die Farbe gut malbar ist (keine Farbpfützen, kein zähes Aufmalen mit zu wenig Wasser).
- Nach dem Trocknen könnten zum Beispiel passende, aber auch witzige oder überraschende Bildteile hineingeklebt werden.

WERKBETRACHTUNG
- Schülerarbeiten
- Baumabschnitte mit Jahresringen
- Abbildungen von Baumabschnitten mit Jahresringen
- farbige Muster mit konzentrischen Kreisen

| FARBE | NEGERKÜSSE | KLASSE 1-2 |

ZIELVORSTELLUNG	Reine und gemischte Farben sollen angewandt werden und dabei ein differenziertes Farbspektrum ergeben. Außerdem können durch Farben bestimmte (Bedeutungs-)Wirkungen erzielt werden.
MATERIAL	- Deckfarben - Deckweiß/weiße Dispersionsfarbe - Borstenpinsel - Malblock DIN A3 - Eventuell bunte Kleinteile oder Streumaterial - Kleister/Klebstoff
ARBEITSWEISE (Einzelarbeit)	1. Umrisszeichnung mit Borstenpinsel und wässriger Farbe, eventuell mit einfachen Überschneidungen 2. Ausmalen der konturierten Binnenflächen mit unterschiedlichen Farbtönen Es können neben den handelsüblichen Negerküssen in unterschiedlichen Größen auch fantastische Negerküsse mit bunten Streuseln oder buntem Zuckerguss entstehen. 3. Ausmalen der Umgebung
ZEITAUFWAND	Mindestens 30 Minuten, bei aufwändiger Ausstattung mit buntem Streumaterial, Konfetti oder Glitzerteilen natürlich länger. Die Farbe sollte gut abgetrocknet sein.
HINWEISE/TIPPS	- Die Negerküsse sollten möglichst schülerfaustgroß angelegt werden. - Es sollten möglichst lecker aussehende Schokoladen-, Nugat- u. a. Farben ermischt werden (eventuell Probeblatt). - Die Aufgabenstellung kann auch auf andere Motivbereiche übertragen werden (Milcheiskugeln, Pralinen, Kekse mit Schokoguss, Waffeln mit Füllung).
WERKBETRACHTUNG	- Schülerarbeiten - Werbebilder aus dem Süßigkeitenbereich - Kunstbeispiele aus der Pop-Art

| FARBE | AUFSTIEG DER LUFTBALLONS | KLASSE 1-2 |

ZIELVORSTELLUNG	Die SchülerInnen lernen eine einfache Maltechnik kennen und erproben diese mit einfachen Motivstellungen. Man könnte diese Technik die „Borstenpinsel-auf-der-Stelle-Drehtechnik" nennen, denn der Borstenpinsel wird möglichst senkrecht auf das Blatt gesetzt und auf der Stelle gedreht. Mit etwas Übung erhält man fast kreisrunde Farbflächen.
MATERIAL	- Borstenpinsel (Größen 8–12) - altes Schwämmchen - Wasserfarben, Deckweiß - Malblock DIN A3 oder alte, möglichst helle Kalenderbilder - Schwarzer Kugelschreiber, Holzfarbstift oder Filzstift
ARBEITSWEISE (Einzelarbeit)	1. Auswahl eines Kalenderbildes oder Herstellen der Umgebung (Bildgrund) mithilfe eines Schwämmchens und/oder eines großen Borstenpinsels. 2. Bildfläche trocknen lassen, Borstenpinseldrehtechnik auf extra Blatt erproben. 3. Für die Luftballons Borstenpinsel auf der Stelle drehen, verschiedene Gruppierungsformen beachten! 4. Nach dem Trocknen Luftballonschnüre, Briefchen u. Ä. mit Stiften einzeichnen.
ZEITAUFWAND	mindestens 60 Minuten für drei Arbeitsschritte
HINWEISE/TIPPS	- Falls die Technik schon bekannt ist, können viele Einzelgegenstände, Tiere oder andere Figuren mittels Stempeldruck, Schablonendruck oder Bildmontagen/Collagen gruppiert und geordnet werden. - Es kann windstill oder windig sein. - Es können völlig verschiedene bunte Farben oder nur eine Farbe verwendet werden. - Erfahrungen mit Luftballons und Luftballonwettbewerben.
WERKBETRACHTUNG	- Schülerarbeiten - Kunstbeispiele mit unterschiedlichen Gruppierungsformen, z. B. Nägele: Cannstadter Volksfest (Neckar Verlag)

| FARBE | BUNTE BAUSTEINSTADT | KLASSE 1–2 |

ZIELVORSTELLUNG	Farbige Elemente regelmäßig oder unregelmäßig gruppieren. Farbflächen werden zu einer Stadt zusammengestellt. Das Montieren, Collagieren mit vorgegebenen Farbflächen ist ein „Malen" mit anderen (Farb-)Mitteln.
MATERIAL	- vorgeschnittene bunte Papiere (Schreibmaschinenpapier, Tonpapier, Packpapier u. Ä.), Größe ca. 10 × 10 cm, 10 × 5 cm, 5 × 5 cm, 5 × 2,5 cm und entsprechende Dreiecke (diagonal durchgeschnittene Quadrate) - Klebstoff/Klebestift - DIN-A3-/DIN-A2-Blatt oder Tonpapier (im Hoch- oder im Querformat)
ARBEITSWEISE (Einzelarbeit)	1. Wie bei einem Gebäude wird jeweils unten begonnen und von unten nach oben mit quadratischen oder rechteckigen „Bausteinen" gebaut. 2. Die Bauwerke sollten die Blattfläche weitgehend bedecken, es sollte also nur noch wenig „Himmel" freibleiben. 3. Es gibt niedere, mittlere und hohe Bauwerke. Entsprechend werden die Dächer ganz oben auf- und weiter unten überklebt.
ZEITAUFWAND	mindestens 30 Minuten
HINWEISE/TIPPS	- Erfahrungen beim Bau mit Lego-, Duplo-, farbigen Holz- und anderen Bausteinen - Pflasterungen in vielfältigen Variationen mit Formsteinen (Prospekte von Baumärkten und Pflastersteinherstellern) - Geometrische Grunderfahrungen (Mathematik) - Stadtbilder (Heimat- und Sachunterricht)
WERKBETRACHTUNG	- Klee: Burg und Sonne (Kunstdruck Kunstkreis Korntal) - Feuer bei Vollmond (Kunstdruck Kunstkreis Korntal) - Schülerarbeiten - Spielzeugprospekte

| FARBE | EIN ZIERFISCH | KLASSE 1–3 |

ZIELVORSTELLUNG	In Anlehnung an das Bild „Unterwassergarten" von Paul Klee und in Verbindung mit der Malaufgabe „Unterwassergarten" soll ein möglichst leuchtender Zierfisch hergestellt werden. Dabei werden weitestgehend helle, leuchtende Farben wie Gelb, Orange und Rot eingesetzt. Durch Auflegen auf verschiedene Hintergründe kann das Figur-Grund-Problem, das Hervorheben oder Verbergen einer Figur anschaulich gemacht werden.
MATERIAL	– Malpapier, weißer Schuhschachtelkarton o. Ä. im DIN-A4-Format – Wasserfarben, Borstenpinsel, evtl. Haarpinsel – Schere, Klebstoff/Klebestift – eventuell Glanz-, Glitzer- und Dekomaterialien, bunte Wollreste, Geschenkbänder u. Ä.
ARBEITSWEISE (Einzelarbeit)	1. Anlegen des Fischumrisses mit gelber Farbe (korrigierbar, übermalbar) 2. Bemalen des Fisches vorwiegend mit Gelb-, Orange- und Rottönen 3. Farbe trocknen lassen, in der Zwischenzeit Zuschneiden der Ausstattungsmaterialien 4. Ausschneiden der Fischform 5. Aufkleben der Materialien 6. Integrieren des Zierfisches in eine Farbumgebung
ZEITAUFWAND	mindestens 30 Minuten
HINWEISE/TIPPS	– Die Arbeit sollte nicht isoliert, sondern in Verbindung mit einer Malaufgabe gesehen werden, die sich in irgendeiner Weise mit der Unterwasserwelt oder mit einem Aquarium beschäftigt. – Die Problematik der Importe exotischer Tiere, der artgerechten Haltung, des Aussterbens von Tierarten usw. könnte in diesem Zusammenhang erörtert werden (Heimat- und Sachunterricht). – Zierfische, Ziergegenstände und ihre Funktionen

WERKBETRACHTUNG	– Schülerarbeiten
	– Abbildungen aus Tierbüchern, Tierlexika
	– Kunstbeispiele:
	  Klee: Unterwassergarten (Kunstkreis Korntal)
	  Klee: Der goldene Fisch (Neckar Verlag)

Klee: Der goldene Fisch

| FARBE | STRUWWELPETRAS BUNTE HAARPRACHT | KLASSE 1-3 |

ZIELVORSTELLUNG

Im praktischen Umgang sollen reine und gemischte Farben fantasievoll angewandt werden. Dabei ist für die Malweise wichtig, dass einzelne Haarsträhnen als Farblinien oder Farbstriche gut voneinander zu unterscheiden sind, also einzeln gemalt werden. Viele Farblinien sollen nebeneinanderliegen, es können nach dem jeweiligen Trocknungsprozess auch sich überschneidende Linien angelegt werden.

MATERIAL

- Malblock DIN A3, eventuell Bildvorlage aus Illustrierter
- Wasserfarben, dünner Borstenpinsel
- alternativ: Tonpapier mindestens DIN-A4-Format und Zuckerkreiden

ARBEITSWEISE

1. Anlegen der Figur als Kopf- oder Brustbild mit hellen Wasserfarben. Das Gesicht sollte bei einem DIN-A3-Format nicht wesentlich größer sein als eine gespreizte Schülerhand, damit genügend Platz für die bunte Haarpracht zur Verfügung steht.
2. Darstellen des Gesichts
3. Malen der bunten Haarsträhnen, wobei aus Zeitgründen mit einer Farbe immer mehrere Strähnen gemalt werden sollten
4. Ausmalen des Hintergrunds nach Bedarf

ZEITAUFWAND

mindestens 30 Minuten

HINWEISE/TIPPS

- ganz gleich ob Struwwelpeter oder Struwwelpetra, lange Haare gibt es bei beiden Geschlechtern nicht erst seit heute, wie zum Beispiel Dürers Selbstporträts zeigen
- Haarmoden: Vielfalt der Frisuren und besonders der Farbgestaltungen. Auch extreme Erscheinungsformen bei Punks und aus der Designermode.

WERKBETRACHTUNG

- Schülerarbeiten
- Abbildungen aus Illustrierten, Jugend- und Modezeitschriften
- Illustrationen zur Struwwelpetergeschichte
- Kunstbeispiele:
  Dürer: Selbstporträts (Neckar Verlag)

Dürer: Selbstporträt

| FARBE | FEUERWERK | KLASSE 1-3 |

ZIELVORSTELLUNG	Farbdynamische Bewegungsspuren wahrnehmen und erzeugen. Farbspuren sollen zu dynamischen Bewegungsvorgängen geformt werden. Dieser Arbeit kommen die leichtgängigen und farbintensiven Zuckerkreiden entgegen.
MATERIAL	- Zuckerkreiden (in Zuckerwasser eingelegte Tafelkreiden) - schwarzes, dunkelblaues oder dunkelbraunes Tonpapier circa im DIN-A3-Format - Wasserfarben, Deckweiß oder weiße Dispersionsfarbe, möglichst dicker Borsten- oder Haarpinsel
ARBEITSWEISE	1. aufsteigende, fallende und auseinanderstrebende (explosionsartige) Farblinien und Farbstriche setzen; mit den hellsten Farben (Gelb, Orange) beginnen und später die dunkleren Farben einsetzen 2. gut gesättigte oder mit Weiß gemischte Farben aufnehmen, aufspritzen 3. stellenweise Farbe auftropfen und die Farbpfützen verblasen
ZEITAUFWAND	mindestens 15 Minuten
HINWEISE/TIPPS	- Diese Arbeit kann auch nur mit Wasserfarben durchgeführt werden. Die Beherrschung einer strichelnden, linienhaften Maltechnik ist dabei notwendig, da die Farblinien als Bewegungsspuren nicht ineinander laufen sollten. - Die Arbeitstechnik kann auch auf andere Themenbereiche (Vulkanausbruch, Kampf der Raumschiffe usw.) übertragen werden.
WERKBETRACHTUNG	- Schülerarbeiten - Abbildungen von Feuerwerken (Zeitungs- und Illustriertenfotos)

| FARBE | RIESENBUNTSCHNECKE | KLASSE 1-3 |

ZIELVORSTELLUNG	Die SchülerInnen sollen lernen, Farbe mit dem Borstenpinsel aufzunehmen und in einfache Formen zu bringen, ohne dass die Farben zu stark ineinanderlaufen oder miteinander vermischt werden. Die Farbflächen sollten so dicht aneinanderliegen, dass der (weiße) Grund möglichst nicht mehr zu sehen ist. Das Malwasser sollte ab und zu gewechselt werden, um zu starke Farbtrübungen zu vermeiden.
MATERIAL	- Borstenpinsel - Deckfarben, Deckweiß - Malblock DIN A3
ARBEITSWEISE (Einzelarbeit)	1. Es wird nicht vorgezeichnet, sondern, falls überhaupt notwendig, mit dem Borstenpinsel und heller Farbe (Gelb, Orange, Hellbraun) „vorgemalt". 2. Die Grobform der Schnecke mit Haus wird spiralförmig, fast Format füllend angelegt und anschließend mit bunten Farbstrichen und kleineren Farbflächen ausgestaltet. 3. Zum Schluss wird die Umgebung möglichst so gemalt, dass die Buntschnecke auch gut zu sehen ist.
ZEITAUFWAND	mindestens 40 Minuten
HINWEISE/TIPPS	- Es sollte eine bunt gemusterte Schnecke entstehen. Dabei kann man die Farben und Muster völlig frei wählen lassen, man kann aber auch bestimmte Farbkombinationen vorschlagen oder die Anzahl der Farben eingrenzen. - Statt der Schnecke können auch andere Tiere oder Gegenstände mit einfachen Formen gewählt werden. - Verbesserung der Maltechnik auch unter zeitlichem Aspekt. Eine gewählte Farbe kann mehrmals für Farbflächen oder Farbstriche verwendet werden, bevor man dann eine neue Farbe wählt.
WERKBETRACHTUNG	- Schülerarbeiten - einfache Tierformen (Schnecken, Muscheln, Schildkröten usw.) - Kunstbeispiele, zum Beispiel Tierbilder von Franz Marc

| FARBE | WASSERBEWEGUNGEN | KLASSE 1-3 |

ZIELVORSTELLUNG	Kennenlernen und Erproben der Malerei mit Tapetenkleister. Durch unterschiedliche Bewegungsspuren sollen unterschiedliche Wasserbewegungen dargestellt werden (zum Beispiel von der sprudelnden Quelle, über langsames Plätschern um und über Steine, langsames und schnelles Fließen bis hin zu einem Wildwasserbach, einem Wasserfall oder Meer). Verbindungen zu Musik und Körperbewegungen können genutzt werden.
MATERIAL	- angerührter Tapetenkleister, Schüsselchen - Rückseiten von Tapeten, dickeres Papier mit glatter Oberfläche (DIN A3 oder etwas größer) - Dispersionsfarben (Blau, Grün, Schwarz) oder andere Farben (Wasserfarben, Temperafarben usw.) - Borstenpinsel, Pappstreifen, dicker Kamm o. Ä.
ARBEITSWEISE	1. Die Blattfläche dünn mit Kleister einpinseln (größerer Malerpinsel) 2. Etwas Farben auftropfen und mit entsprechenden Bewegungen mit dem Kleister auf der Blattfläche vermischen 3. Mit einigen Fingern, einem Pinsel, Pinselstiel, Pappstreifen, Kamm o. Ä. entsprechende Wasserbewegungen nachvollziehen
ZEITAUFWAND	mindestens 5–10 Minuten
HINWEISE/TIPPS	- Es können mehrere Wasserbilder hergestellt werden. Jedes Bild sollte eine besondere Wasserbewegung sichtbar machen. - Nach dem Trocknen der Bilder können Dinge (Schiff, Surfer, Segelboot, Floß, Fische und andere Wassertiere, Müll und anderer Unrat, Schaumkronen, Steine, Stämme usw.) hineingemalt werden. - Es können auch Bildteile hineingeklebt werden. - Auf einem größeren Tapetenstück (Rückseite einer Tapetenbahn) kann Partner- oder Gruppenarbeit erfolgen. - Alternativ können auch Strukturtapeten mit entsprechenden eingeprägten „Bewegungsformen und Spuren" verwendet werden. - Musik (Hörbeispiele) und Deutsch (Geschichten)
WERKBETRACHTUNG	- Schülerarbeiten - Kunstbeispiele: Da Vinci: Wasserbewegungsstudien Hokusai: Wellen Courbet: Die Woge (Neckar Verlag)

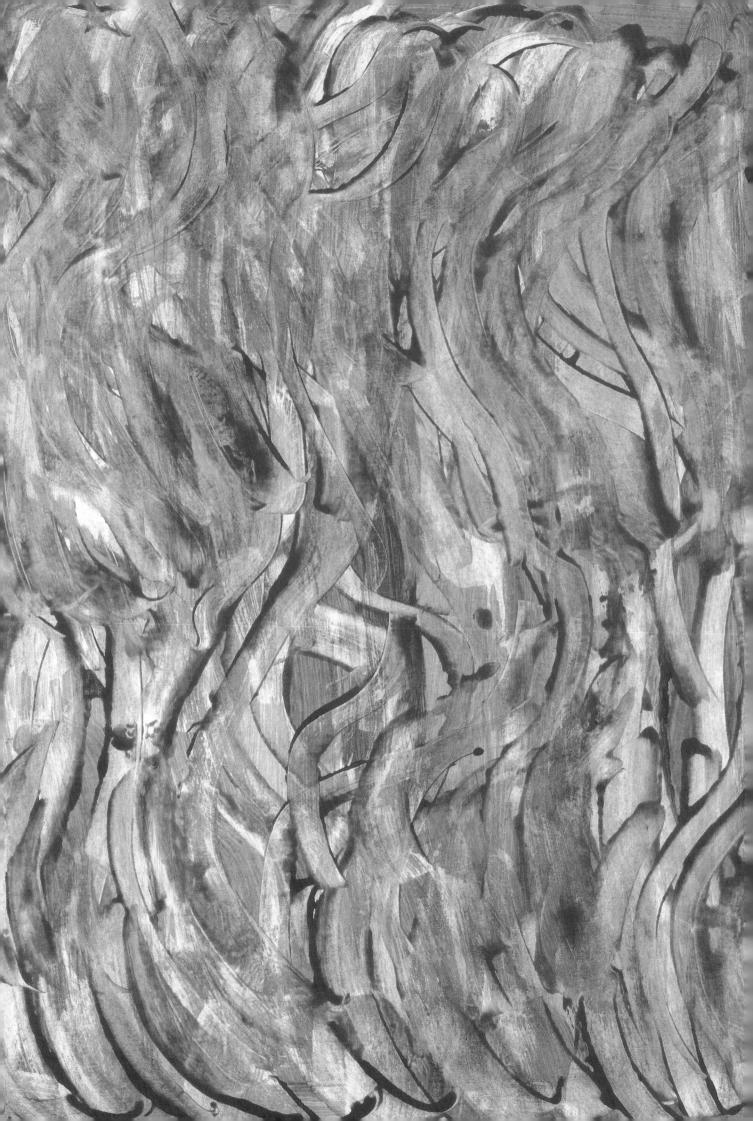

| FARBE | SO EIN DURCHEINANDER | KLASSE 1-4 |

ZIELVORSTELLUNG

Im spielerischen Umgang verschiedene farbige Materialien sammeln und fantasievoll zusammenstellen. Aufräumen ist in den wenigsten Fällen eine Lieblingstätigkeit Ihrer SchülerInnen, deshalb macht ein Durcheinander auch mehr Spaß. Viele Dinge können durcheinandergebracht werden.

MATERIAL

- farbige Teile wie Stoffreste, Papierreste, Folienreste, Wollreste, Katalogseiten, Prospekte usw.
- Karton, festes Tonpapier o. Ä. (mindestens DIN A4)
- Schere, Klebstoff
- Wasserfarben, Borstenpinsel

ARBEITSWEISE

1. Sichten und Auswählen des Materials
2. Ausschneiden und Aufkleben nach den individuellen Assoziationen und Gestaltungswünschen
3. Stellenweises Be- und Übermalen (Tupfen, Stricheln) der Montage

ZEITAUFWAND

mindestens 30 Minuten

HINWEISE/TIPPS

- Erprobender, experimenteller Umgang mit farbigen Materialien erfordert eine Offenheit. Den SchülerInnen sollte Gelegenheit gegeben werden, eigene Farbmaterialien mitzubringen und einzusetzen.
- Einrichten einer Materialtheke auch für Tauschmöglichkeiten
- zeitliche Begrenzung der Arbeit

WERKBETRACHTUNG

- Schülerarbeiten
- Schwitters: Das Undbild (Neckar Verlag)

Schwitters: Das Undbild

FARBE ABKLATSCHTECHNIK (KLECKSOGRAFIE) KLASSE 1–4

ZIELVORSTELLUNG — Bei der Abklatschtechnik haben nahezu alle Ihrer SchülerInnen Erfolgserlebnisse, denn man kann eigentlich kaum etwas falsch machen. Man kann überraschende Ergebnisse erzielen, man kann aber den Zufall auch steuern. Es entstehen meist symmetrische Farbfiguren, die in einem weiteren Arbeitsschritt farblich oder grafisch weiter ausgedeutet werden können.

MATERIAL
- Malblock-, weißes oder farbiges Schreibmaschinen- o. a. Papier im DIN-A3- bis DIN-A5-Format
- Wasserfarben
- größerer Haar- oder Borstenpinsel

ARBEITSWEISE (Einzelarbeit)
1. Das Papier wird in der Mitte gefaltet und wieder aufgeklappt.
2. Mit dem Pinsel werden sehr rasch und reichlich verschiedene Farbflüssigkeiten aufgespritzt oder wässrig aufgemalt.
3. Das Blatt wird zugeklappt, mit der Hand leicht angedrückt und wieder aufgeklappt.
4. Dieser Vorgang (Flüssigfarbe aufbringen/Abklatschen) kann auch mehrmals wiederholt werden. Vorteil dieser schrittweisen Vorgehensweise ist, dass die Farbe nicht antrocknet und meist gezielter gearbeitet werden kann.

ZEITAUFWAND — mindestens 10 Minuten ohne weitere Ausdeutung

HINWEISE/TIPPS
- symmetrische und asymmetrische Figuren, Spiegelungen im Mathematikunterricht
- gedankliches und grafisches und/oder farbliches Ausdeuten der Farbgebilde
- „Erzählbild" durch Hineinzeichnen und/oder Hineinkleben von einfachen Figuren (Menschen, Tiere, Pflanzen, Gegenstände)
- Beratungsbeispiel/Wahrnehmungsübung für ein möglicherweise erstes, gegenstandsloses, „abstraktes" Bild
- Nutzen einzelner Bildteile/Bildausschnitte für Bildmontagen (Collagen), Schmuck- und Grußpostkarten, Schmuckschachteln usw.
- Gezieltes Ausschneiden von Farbformen für Schattenspielfigur oder andere Spielfiguren

WERKBETRACHTUNG
- hauptsächlich Schülerarbeiten (mit unterschiedlichen Ausdeutungen)
- eventuell Beispiele von „Testbildern" (Rorschach-Klecksografien)

| FARBE | BUNTES GESCHENKPAPIERBILD | KLASSE 1–4 |

ZIELVORSTELLUNG	Im spielerischen Umgang verschiedene farbige Materialien sammeln und fantasievoll zusammenstellen. Hier geht es um die Weiterverwendung von Geschenkpapierresten, die nicht nur zur Weihnachtszeit anfallen. Die meist bunten Geschenkpapiere, ganz gleich ob nur Muster oder mit gegenständlichen Designs, reizen zum Weiterverarbeiten.
MATERIAL	– Geschenkpapierreste und Geschenkbänder (ständige Sammlung in einer Schachtel) – DIN-A4- bis maximal DIN-A3-Blatt, Tonpapier o. Ä. – Schere, Klebstoff/Klebestift – eventuell Wasserfarben und Borstenpinsel
ARBEITSWEISE	1. Sichten und Auswählen des Materials 2. Ausschneiden und Aufkleben nach Gestaltungswunsch 3. eventuell weiteres Bemalen mit Wasserfarben
ZEITAUFWAND	mindestens 30 Minuten
HINWEISE/TIPPS	– Zum Wegwerfen viel zu schade! Ständiges Sammeln von Geschenkpapierresten, nicht benutzten bunten Papierservietten, Geschenkbandresten, Glanz- und Glitzerpapier- sowie Folienresten – Aspekte der Müllvermeidung, umweltverträgliches Einpacken, umweltverträgliche und selbst hergestellte Verpackungen, Wiederverwendung von Verpackungsmaterialien (Heimat- und Sachunterricht) – Vielfalt von designten Geschenkpapieren: Verschiedene Farben, Muster und Abbildungen für unterschiedliche Anlässe – Schmuckhafte, bunte Gestaltung von Gebrauchsgegenständen (Bucheinbände, Mäppchen, Schreibgeräte, Schulranzen, Bildersammelmappen usw.)
WERKBETRACHTUNG	– Geschenkpapiere unterschiedlichster Art – designte Gegenstände (Schulranzen, Kindergeschirr, Kinderbettwäsche usw.) – Kunst als Verpackung und als Design auf Regenschirmen, Einkaufstaschen, Handtüchern, Schals, Krawatten usw. – Beispiel aus der Kunstrichtung „pattern painting" – Delaunay: Farbkombinationen, zum Beispiel „Hommage à Bleriot" (Neckar Verlag) – Vasarely: Vaar (Neckar Verlag) – Matisse: Die Trauer des Königs (Neckar Verlag) – Mondrian: Victory Boogi-Woogy (Neckar Verlag)

Vasarely: Vaar

| FARBE | BLAU, BLAU, BLAU … | KLASSE 1–4 |

ZIELVORSTELLUNG	Jede/r hat so seine Lieblingsfarbe. Ganz gleich ob Blau, Orange, Rot oder Violett. Bildnerische Aufgabe ist, möglichst viele Varianten einer Farbe zu ermischen, das Motiv spielt dabei eine untergeordnete Rolle. Es können auch gegenstandslose Farbkombinationen entstehen.
MATERIAL	- Malblock DIN A3/A4 - Borstenpinsel - Wasserfarben, Deckweiß - eventuell Collageteile in der Lieblingsfarbe, Klebstoff
ARBEITSWEISE	1. Auswahl einer Lieblingsfarbe und eines Motivs 2. Eventuell Aufkleben der Collageteile 3. Mischen: Aufhellen mit Deckweiß, Abdunkeln mit Schwarz, Verändern des Farbtons durch Beimischen einer anderen Farbe
ZEITAUFWAND	mindestens 30 Minuten
HINWEISE/TIPPS	- Es können auch Bildvorlagen übermalt werden. - Es können auch DIN-A4-Kopiervorlagen verwendet werden. Durch verschiedene Lieblingsfarben entstehen verschiedene Bilder, die für die Präsentation gut kombiniert werden können. - Lieblingsfarben anderer, Verträglichkeit mit eigenem Geschmack - Lieblingsfarben in anderen Bereichen (Mode, Auto, Schulranzen, Geschirr, Wandfarbe usw.) - siehe auch „Tapetenbilder" - Lieblingsdinge in Lieblingsfarben - Welche Dinge der Umwelt könnten mehr (Lieblings-)Farben vertragen? (Computer, Fensterrahmen, Betonwände, Autos, Züge, Pausenhof usw.). - Zu welchen Dingen passt meine Lieblingsfarbe nicht?
WERKBETRACHTUNG	- Lieblingsbilder und Lieblingsfarben - Farbkarten/Musterkarten (für Möbel, Autos, Farben usw.) - Werbebilder und Werbeprospekte in den Lieblingsfarben - Kunstdrucke mit starken Farbgebungen, aber möglichst ohne dominierende Gegenstände oder Inhalte, zum Beispiel: Nay: Ontario Blau (Blau- und Rottöne) Monet: La palais Contarisi (Blau-Türkis-Töne) Bildteppiche (Bildteppich Zyklus – Die Dame mit dem Einhorn, Rot- und Orangetöne) Schiele: Krumau (Braun-Ocker-Töne)

| FARBE | BUNTE BLUMENWIESE AUS FARBPUNKTEN | KLASSE 1–4 |

ZIELVORSTELLUNG

Die SchülerInnen lernen eine Maltechnik kennen und erproben diese mit einfachen Motivstellungen. Dazu können auch Bildbeispiele von Pointillisten (Seurat, Signac) eingesetzt werden. Die Farbpunkte werden mit dem Borstenpinsel getupft. Im Gegensatz zum Pinseldruck müssen die Farbpunkte nicht gleichmäßig angeordnet werden. Es kann nebeneinander- und übereinandergetupft werden.

MATERIAL

- Borstenpinsel mittlerer Größe (Größe 6–12)
- Wasserfarben, eventuell Deckweiß
- Malblock oder Kopiervorlage DIN A3 oder etwas kleiner

ARBEITSWEISE

1. Farbe mit Borstenpinsel aufnehmen
2. Bei fast senkrechter Pinselhaltung ein- oder mehrmals auftupfen. Mit einer gewählten Farbe sollten viele Farbpunkte gesetzt werden, bevor eine neue Farbe genommen wird (Zeitfaktor).
3. Das Blatt sollte möglichst vollständig mit Farbtupfen bedeckt sein
4. Eine Kombination mit anderen Materialien ist natürlich möglich.

ZEITAUFWAND

mindestens 30 Minuten

HINWEISE/TIPPS

- Hinweise zur Mal- und Arbeitstechnik
- Vielfalt einer Blumenwiese (Heimat- und Sachunterricht)
- Ordnungs- und Gruppierungsformen
- Bilder aus unterschiedlichen Entfernungen betrachten (Sind die Farbpunkte noch deutlich zu unterscheiden? Wann „verschwimmen" die Farbpunkte?)

WERKBETRACHTUNG

- Blumenwiesen im Kunstbereich, unterschiedliche Erscheinungsformen und Maltechniken
  Zum Beispiel Bilder von Seurat, Monet, van Gogh, Breughel, Bonnard, St. Phalle usw.

Monet: Seerosen

| FARBE | GEMALTES GESCHENKPAPIER | KLASSE 1-4 |

ZIELVORSTELLUNG Die Schülerinnen und Schüler erproben Möglichkeiten der Gestaltung von Geschenkpapieren durch großzügiges spontanes Malen mit beschränkter Farbpalette.

MATERIAL
- weiße oder getönte Packpapiere oder Makulaturpapiere
- Wasserfarben, verdünnte Dispersionsfarben, Farbbecher, großer Borstenpinsel und Malerpinsel
- eventuell Papp- oder Kunststoffstreifen zum Verziehen der Farbe

ARBEITSWEISE
(Einzelarbeit)
1. Großflächiges spontanes Malen mit und ohne Motivstellungen (auch Auftropfen, Aufspritzen und eventuell Verziehen der Farbflüssigkeit mit einem Pappstreifen)
2. Geschenkpapierausstellung, ergänzt durch mitgebrachte handelsübliche Geschenkpapiere

ZEITAUFWAND In einer Unterrichtsstunde können mindestens zwei bis drei Geschenkpapiere hergestellt werden.

HINWEISE/TIPPS
- Herstellen von Geschenkpapieren zu jahreszeitlich bedingten Anlässen wie zum Beispiel Weihnachten oder Ostern
- Verbindung mit Schreibanlässen und der Beschriftung von kleinen Karten
- Verbindung mit jahreszeitlich oder individuell bedingten Geschenkanlässen (Heimat- und Sachunterricht)
- Preisvergleiche (gekaufter Geschenkpapierbogen, selbst hergestelltes Geschenkpapier)
- Umweltverträglichkeit bei gekauften Geschenkpapieren
- Motiv-, Muster- und Farbvergleiche
- konkretes Verpacken eines Geschenks oder eines Gegenstands

WERKBETRACHTUNG
- unterschiedliche handelsübliche Geschenkpapiere
- Schülerarbeiten (Ausstellung)
- Betrachten von Kunstbeispielen: Eignung/Verwendungsmöglichkeit als Geschenkpapier:
  Zum Beispiel:
  Pollock: Tropfbilder (unformed figure) (Neckar Verlag)
  Kandinsky: Improvisation Klamm (Neckar Verlag)
  Vasarely: Vaar (Neckar Verlag)
  Delaunay: Rhythmus Lebensfreude (Neckar Verlag)
  Macke: Mädchen unter Bäumen (Neckar Verlag)
  Cézanne: Gefäße, Korb und Früchte (Neckar Verlag)

Kandinsky: Improvisation Klamm

| FARBE | VERÄNDERUNGEN | KLASSE 1–4 |

ZIELVORSTELLUNG	Vorgegebene Objekte sollen mit farbigen Mitteln um- und ausgedeutet werden. Hier geht es darum, die „Hauptfigur" eines Kunstwerks in eine andere Umgebung zu setzen oder die Figur selbst farbig zu verändern. Figuren können hauptsächlich Menschen, Tiere oder Objekte sein. Die Figur sollte als Kopiervorlage oder als Umrisszeichnung vorliegen. Die Figur und/oder die Umgebung werden eigenständig (aus)gestaltet.
MATERIAL	- Fotokopie oder Umrisszeichnung in DIN-A3-Format - Wasserfarben, Deckweiß - Borstenpinsel, eventuell Haarpinsel
ARBEITSWEISE (Einzelarbeit)	1. Auswahl einer Vorlage 2. Bemalen der Figur und der Umgebung 3. Eventuell Vergleich mit dem „Original" vor oder nach dem Abschluss der praktischen Arbeit
ZEITAUFWAND	mindestens 45 Minuten
HINWEISE/TIPPS	- Beispiele von Künstlern, die fotografische oder auch andere Vorlagen (alte „Vorbilder", Skizzen anderer usw.) für eigene Werke (be)nutzten - Übermalungen von Farbbildern (Illustriertenbildern, Kalenderbildern und Bildprospekten) - Übermalen von grafischen Vorlagen oder Schwarzweißabbildungen (Zeitungsfotos, Kopien von Kunst- u. a. Grafiken usw.) - Übermalungen in der Umwelt
WERKBETRACHTUNG	- Original und Veränderungen (Schülerarbeiten) - Ausmalbilder und Ausmalbücher - Original und Fälschung (auch aus Fernsehzeitschrift) - Über- und Bemalungen von Autos, Zügen, Häusern usw. - eventuell Beispiele aus dem Kunstbereich für die Umsetzung eines Gemäldes als Vorbild (Poussins Kindermord zu Bethlehem, um 1826, und die Umsetzung von M. Lüppertz 1989) - eventuell Beispiele für die Umsetzung einer Fotografie in Malerei (Lenbach, Picasso, Rousseau und viele andere) - eventuell Beispiele für die Umsetzung einer grafischen Vorlage in Farbe (Munch: Der Schrei/Geschrei, grafische und farbige Fassung)

| FARBE | BLAUGRÜNBRAUNER UNTERWASSERGARTEN | KLASSE 1–4 |

ZIELVORSTELLUNG	Die Blattfläche soll mit möglichst verschiedenen blauen, grünen und braunen Farbtönen ausgestaltet werden. Dabei können sowohl kleinere und größere Farbflächen aneinandergesetzt als auch einfache pflanzliche Formen einbezogen werden. Das fertige Bild kann für sich stehen, aber später auch mit Zierfischen, sonstigen Wassertieren und Pflanzen, Tauchern u. Ä. kombiniert werden.
MATERIAL	– DIN-A3-Malblock – Deckfarben und Borstenpinsel unterschiedlicher Größe, eventuell Deckweiß
ARBEITSWEISE (Einzelarbeit)	1. Ermischen verschiedener Farbtöne 2. Anlegen verschiedener Farbflächen 3. eventuell deckendes Übermalen der Farbflächen mit unterschiedlichen Pflanzenformen
ZEITAUFWAND	mindestens 30 Minuten
HINWEISE/TIPPS	– Unterschiedliche Erscheinungsformen und Farberscheinungen der Unterwasserwelt – Beim Anlegen vieler kleiner Farbflächen sollten aus Zeitgründen mit einer gewählten Farbe mehrere Farbflecken gemalt werden, bevor eine neue Farbe ermischt oder ausgewählt wird. – Das Malergebnis kann Ausgangspunkt für eine weitere Ausgestaltung sein: Es kann ein auffallender Zierfisch hineingeklebt werden. Es können aber auch verschiedene einfache Farbfische gemalt, ausgeschnitten, aufgeklebt und deren Figur-Grund-Wirkung (Hervorheben/Verbergen) erkannt und erörtert werden. Kurzsehtest: Wie viele Fische, welche Fische kann man aus einer bestimmten Entfernung in ein bis zwei Sekunden erkennen?
WERKBETRACHTUNG	– Schülerarbeiten – Unterwasserbilder – Video- oder Filmausschnitte – Kunstbetrachtung – Klee: Unterwassergarten (Kunstkreis Korntal)

| FARBE | EIN NORMALES TIER IM LILALAND | KLASSE 1–4 |

ZIELVORSTELLUNG	Reine und gemischte Farben kennenlernen und anwenden. Dabei sollen hier vor allem Rot- und Blautöne zu einer farblich differenzierten Lilalandschaft gestaltet werden, in die ein ganz normales Tier (Pferd, Kuh, Schwein, Hund, Huhn, Hase usw.) eingefügt wird. Das Tier kann entweder als vorgefundenes (fertiges) Collageteil eingebracht oder auch als bemalbare Kopiervorlage (bemalt und ausgeschnitten) eingesetzt werden.
MATERIAL	- Malblock DIN A3 - Wasserfarben (vor allem Blau und Rot), Deckweiß/weiße Dispersionsfarbe - Borstenpinsel - Collageteil oder Kopiervorlage - Schere, Klebstoff/Klebestift
ARBEITSWEISE (Einzelarbeit)	1. Anlegen der Landschaft als Gebirgs-, Hügel- oder sonstige Landschaft in vielen Lilatönen. Dunkle und helle, rotviolette und blauviolette Lilatöne sollen ermischt werden. 2. Anmalen der Kopiervorlage oder Ausschneiden der fertigen Bildvorlage 3. Aufkleben der Bildvorlage
ZEITAUFWAND	mindestens 30 Minuten ohne Bildmontage
HINWEISE/TIPPS	- Hier wird eine normale Figur in eine ungewöhnliche Umgebung gesetzt. Die violette Landschaft steht hier als Umkehrung für die bekannte lila Kuh einer Werbeserie. - Die Landschaftsform (Gebirgs-, Hügel-, Meer- oder andere Landschaft) kann frei gewählt werden. Wichtig ist das Ermischen unterschiedlicher Violett-Töne, wobei stellenweise auch Violett aus dem Farbkasten übernommen werden kann. Es sollte dann mit Deckweiß aufgehellt und mit Rot und Blau getrübt werden. - Die Tierfigur soll möglichst kontrastreich ins Bild gesetzt werden. - Bildwerbung mit auffälliger, teilweise unrealistischer Farbgebung
WERKBETRACHTUNG	- Schülerarbeiten - Werbebeispiele (Illustrierte, Prospekte) - Kunstbeispiele: Marc: Blaue Pferde Marc: Zwei Katzen (Neckar Verlag) Chagall: Der blaue Esel

| FARBE | SPRITZ- UND KLECKSBILD | KLASSE 1-4 |

ZIELVORSTELLUNG

Farbtropfen, Farbspritzer, Farbkleckse werden für ein dynamisch wirkendes Bewegungsspurenbild eingesetzt. Dabei spielen die Farbauswahl, die Tropf- und Spritztechnik, aber auch Zufälliges eine Rolle. Die Aufgabe ist nicht an ein Motiv gebunden.
Ergebnisse können für sich stehen, aber auch in voller Größe oder als Ausschnitte für Dekors (Postkarten, Einladungskarten, Bildersammelmappe u. Ä.) Verwendung finden.

MATERIAL

- Wasserfarben oder verdünnte Dispersionsfarben
- Borstenpinsel und größere Haarpinsel
- Malgründe: Malblock, Ton- und gefärbte Packpapiere circa DIN A3
- eventuell Spritzsieb, alte Zahnbürste

ARBEITSWEISE (Einzelarbeit)

1. Tisch abdecken!
2. Farbe mit Pinsel aufnehmen, den Pinsel über einen Finger abspritzen, Abstreichen des Pinsels mit zwei Fingern, Pinsel ruckartig nach unten schütteln.
3. Farbpfützen aufspritzen und anschließend verblasen.
4. Eventuell Farbe mit dem Spritzsieb auf der Fläche verteilen.

ZEITAUFWAND

mindestens 30 Minuten

HINWEISE/TIPPS

- Ist das Bild insgesamt gelungen, sollte es möglichst so belassen werden.
- Ist nur ein kleiner Teil etwas misslungen, kann eine umrisshafte Figur dunkel bzw. schwarz darübergemalt oder eine ausgeschnittene Figur darübergeklebt werden.
- Es können auch Teile/Figuren umrisshaft aufgezeichnet, ausgeschnitten und auf dunkles Tonpapier geklebt werden.
- Weiterverwendung als Farbmuster für spezielle Designs
- farbliche oder grafische Ausdeutung einer Situation
- weitere (gesteuerte) Zufallsverfahren

WERKBETRACHTUNG

- Schülerarbeiten
- Designte Objekte
- Kunstbeispiele:
  Pollock: Unformed figure (Neckar Verlag) u. a. Pollock-Bilder

| FARBE | LEUCHTTURM EINMAL ANDERS | KLASSE 1–4 |

ZIELVORSTELLUNG	Wirkungen von Farben wahrnehmen und einsetzen und dabei den Leuchtturm auf seine Umgebung beziehen. Er soll also in der Umgebung gut sichtbar sein. Bei der Gestaltung des Leuchtturms kann auf traditionelle Formen zurückgegriffen werden, es können aber auch ungewöhnliche Leuchttürme entwickelt werden.
MATERIAL	- DIN-A3-Malblock - Wasserfarben, weiße Dispersionsfarbe - Borstenpinsel
ARBEITSWEISE (Einzelarbeit)	1. Entwerfen/Skizzieren des Leuchtturms mit wässriger Farbe 2. farbiges Ausgestalten des Leuchtturms 3. Gestalten der Umgebung
ZEITAUFWAND	mindestens 30 Minuten
HINWEISE/TIPPS	- Hochformat - bekannte Leuchtturmformen an der Tafel skizzieren (lassen) - Veränderung der eher langweiligen Weiß-rot-weiß-rot-Bemalung durch unterschiedliche, aber auffallende Farbkombinationen - eventuell modellhafter Bau eines Leuchtturms auf einer Grundplatte aus einer dicken Papröhre, Kleister, Zeitungspapier, kleineren Schachteln und kleinen Astabschnitten (Arbeitsbereich Plastik/Raum)
WERKBETRACHTUNG	- Schülerarbeiten - Abbildungen von Leuchttürmen

| FARBE | STRANDTUCH MIT KRIMSKRAMS | KLASSE 1–4 |

ZIELVORSTELLUNG	Anwenden und Ermischen von Farben. Herstellen eines bunten Strandtuchmusters, das von einfachen Streifenmustern (ab Klasse 1) bis zu besonderen Designs (Klasse 4) reichen kann. Auch die dazu gehörenden Utensilien können altersstufengerecht ausgewählt und individuell angeordnet werden.
MATERIAL	- Malblock DIN A3 - Wasserfarben, Deckweiß, Borstenpinsel - Collagenmaterial aus Katalogen und Prospekten, eventuell farbige Tonpapierreste, Stoffreste, Wolle und kleine reale Objekte - Schere, Klebstoff/Klebestift
ARBEITSWEISE (Einzelarbeit)	1. Muster entwerfen und aufmalen 2. Umgebung malen 3. Krimskramsteile ausschneiden und aufkleben
ZEITAUFWAND	mindestens 45 Minuten
HINWEISE/TIPPS	- Die Aufgabe kann der jeweiligen Alters- bzw. Klassenstufe entsprechend eingeführt und umgesetzt werden. - Finden/Erfinden von Mustern und Designs - Dabei können sowohl die bildnerischen Probleme des Hervorhebens bzw. des Verbergens als auch des Ordnens und Gruppierens angesprochen und umgesetzt werden. - Die Motivstellung kann variiert werden: „Eine/r mit Sonnenbrand auf dem Strandtuch", „Ein/e Bleiche/r", „Mit meinem neuen Badeanzug auf dem (neuen) Strandtuch".
WERKBETRACHTUNG	- Schülerarbeiten - Strand- und Bademode, Strandutensilien aus Katalogen, Prospekten und Illustrierten - Kunstbeispiele: Hamilton: Badende I (Neckar Verlag) Delaunay: Farbkompositionen

Hamilton: Badende I

FARBE	WACKELPUDDINGS MIT SOSSEN	KLASSE 1-4

ZIELVORSTELLUNG	Reine und gemischte Farben sollen angewandt werden und ein differenziertes Farbspektrum ergeben. Farben können bestimmte Bedeutungen besitzen, mit Farben können bestimmte Wirkungen erzielt werden.
MATERIAL	- Malblock DIN A3 - Deckfarben, Borsten- und Haarpinsel - Deckweiß/weiße Dispersionsfarbe, evtl. etwas angerührter Tapetenkleister - eventuell Wachsstifte
ARBEITSWEISE (Einzelarbeit)	1. Herstellen einfacher Umrisszeichnungen mit wässriger Farbe oder Wachstiften 2. Mischversuche 3. Ausmalen der Binnenflächen und der Umgebung 4. Stellenweises deckendes Übermalen der Puddings mit „Farbsoßen"
ZEITAUFWAND	mindestens 30 Minuten
HINWEISE/TIPPS	- Puddingherstellung, Puddingrezepte, Pudding mit Soßen - Farbmischübungen mit und ohne Weiß, mit und ohne Kleister auf ein Extrablatt - es könnten auch Früchte oder sonstige Garnierungen ausgeschnitten und hineingeklebt werden
WERKBETRACHTUNG	- Puddings in Variationen (Kochbücher, Werbebilder, Prospekte usw.) - Schülerarbeiten

| FARBE | KONFETTIREGEN | KLASSE 1–4 |

ZIELVORSTELLUNG	Vorgegebene Abbildungen sollen mehr oder weniger gezielt mit farbigem Material überstreut werden. Dies kann völlig frei ohne besondere Vorgaben geschehen. Dabei sollen die vorgegebenen Abbildungen in irgendeiner Form farblich verändert werden.
MATERIAL	- Farb- oder Schwarzweißbilder (Illustrierten-, Kalender-, Werbe-, Kunst- u. a. Bilder) - Angerührter Tapetenkleister, großer Borstenpinsel - bunte Papiere und Papierreste, Locher, auch größere Locher (Jumbolocher)
ARBEITSWEISE (Einzelarbeit)	1. Vorlage aussuchen und mögliche Bearbeitungsideen entwickeln 2. Herstellen des eigenen Konfettis 3. spontan und gezielt überstreuen 4. falls notwendig Konfettimaterial etwas andrücken oder nachkleistern
ZEITAUFWAND	mindestens 15 Minuten ohne Konfettiherstellung
HINWEISE/TIPPS	- Eine schnelle Arbeit für zwischendurch, besonders aber zur Faschings- bzw. Karnevalszeit. Jede/r hat ein Erfolgserlebnis, jede/r hat schnell eine mehr oder weniger überraschende Veränderung erzielt. - Bestimmte Stellen/Flächen können gezielt eingekleistert und überstreut werden. - einfarbiges oder buntes Konfetti als Gestaltungsmittel für unterschiedliche Designobjekte (Kleidung, Auto, Flugzeug, Mäppchen, Bildersammelmappe usw.) - eigene Eindrücke zu Konfettiregen
WERKBETRACHTUNG	- Schülerarbeiten - Bilder von Konfettiparaden - Bilder von „Konfettieinsätzen" in der Faschingszeit

FARBE	NASS-IN-NASS-MALEREI	KLASSE 1-4

ZIELVORSTELLUNG	Kennenlernen einer Maltechnik mit besonderen Bedingungen. Auf einen gut angefeuchteten Bildgrund wird getupft, gestrichelt und gemalt. Die Farben verlaufen dabei sehr unterschiedlich. Die Motive können auch nach der jeweiligen Altersstufe sehr unterschiedlich gewählt werden.
MATERIAL	- Malblock DIN A3, Probeblatt - Schwämmchen - Wasserfarben - Borsten- und Haarpinsel, Becher, Lappen
ARBEITSWEISE (Einzelarbeit)	1. Das Blatt mit Schwämmchen oder Pinsel gut befeuchten. 2. Vorsichtiges Bemalen, zunächst nur mit der Spitze des Haarpinsels leicht auftupfen, um die Farbverläufe beobachten zu können. 3. Erproben weiterer Maltechniken wie „Farbe vorsichtig auftropfen", „feine und größere Tupfen aufbringen", „strichelnd malen", eventuell auch Anlegen von kleineren Farbflächen.
ZEITAUFWAND	mindestens 30 Minuten
HINWEISE/TIPPS	- Unbedingt einen Malblock benutzen! Das Papier wellt sich trotz Befestigung auf beiden Seiten. - Starkes Aufdrücken und ständiges Kritzeln auf der Malfläche vermeiden! - Falls möglich bei fortgeschrittenen SchülerInnen einen Aquarellblock einsetzen.
WERKBETRACHTUNG	- Schülerarbeiten - Den gewählten Motiven gemäß entsprechende Kunstwerke wie zum Beispiel: Nay: Aquarell blau (Neckar Verlag), Aquarelle von Nolde, Cézanne u. a.

| FARBE | MALEN UND ZEICHNEN MIT DEM PC | KLASSE 1–4 |

ZIELVORSTELLUNG	Einsetzen von Linien, Farbpunkten und Farbflächen, aber auch „Bemalen" von vorgewählten oder selbst hergestellten „Ausmalbildern". Durch das Arbeiten mit Maus und „PC-Farben" entstehen oft eigenartige Farb- und Formgebilde. Eine Zeichnung kann mit unterschiedlichen Farbkombinationen „gefüllt" und deren Wirkung verglichen werden.
MATERIAL	- PC, Farbdrucker, einfaches Mal- oder Zeichenprogramm auf CD-ROM. Z. B. „Schreiben, Malen, Zeichnen". Bedienbar ab dem 5. Lebensjahr - Schreibmaschinenpapier, DIN A4, weiß
ARBEITSWEISE (Einzelarbeit)	1. Starten des Programms 2. Wählen einer Bildvorlage (Malheft) 3. eventuell weiteres (grafisches) Ergänzen der Bildvorlage 4. Bemalen der Bildvorlage durch Anklicken von Farben für bestimmte Farbflächen, durch Übersprühen mit der PC-Sprühdose, durch Farbklecksen/Malen mit dem PC-Pinsel, durch Überdrucken mit unterschiedlichen PC-Farbstempeln 5. Ausdrucken
ZEITAUFWAND	mindestens 10 Minuten pro Bild ohne grafische Veränderungen
HINWEISE/TIPPS	- Bei gestartetem Programm lernen die SchülerInnen sehr schnell die wichtigsten Funktionen kennen und können schnell mit Maus und den unterschiedlichen Funktionen umgehen. Bei einer Erstbegegnung sollten Sie einige Minuten dabei sein (Einzelbetreuung). - Da die SchülerInnen sehr gern experimentieren, sollten Sie hier die Arbeit auf die o. g. Funktionen beschränken.
WERKBETRACHTUNG	- Schülerarbeiten

| FARBE | GUT SICHTBAR PRÄSENTIERT | KLASSE 1–4 |

ZIELVORSTELLUNG	Eine Figur soll auf ihre Umgebung bezogen gut sichtbar sein, also auffallen. Damit ist das Figur-Grund-Problem angesprochen, denn eine Figur kann sich durch entsprechende Farbwahl von ihrer Umgebung stark abheben oder im entgegengesetzten Fall nahezu in der Umgebung verschwinden. Eine deutliche Unterscheidung von Figur und Umgebung erreicht man durch starke Farbkontraste und starke Hell-Dunkel-Unterschiede.
MATERIAL	– Malblock DIN A3 bis DIN A4 – ein buntes Objekt (Spielzeugkatalog, Prospekt, Illustrierte, altes Poster, Plakat u. Ä.) – Schere, Klebstoff – Wasserfarben, eventuell Deckweiß – Borstenpinsel
ARBEITSWEISE (Einzelarbeit)	1. Eine Figur wird ausgewählt, ausgeschnitten und aufgeklebt. 2. Abhängig von der Farbgebung der Figur wird die Umgebung farblich so gestaltet, dass die Figur gut zu erkennen ist, sich also deutlich von ihrer Umgebung abhebt. 3. Es können altersstufenabhängig sehr unterschiedliche Möglichkeiten gewählt werden. Sie reichen von einem nahezu einfarbigen Grund bis zu komplizierten Umrandungen und Mustern.
ZEITAUFWAND	mindestens 30 Minuten
HINWEISE/TIPPS	– Erproben der Figur-Grund-Problematik durch Versuche im Klassenzimmer und im Schulgelände (unterschiedliche Kleidung, farbige Papiere und Gegenstände) – Erproben der Auffälligkeit durch Auflegen/Anheften/Aufkleben von ausgeschnittenen Farbfiguren auf farbige Flächen – Aufspüren von Präsentationsformen und Farben in der Werbung (auf Plakaten, in Illustrierten und Prospekten) – Signalfarben/Symbolfarben bei Verkehrszeichen und Hinweisschildern. Problematik eines „Schilderwaldes" (Heimat- und Sachunterricht)
WERKBETRACHTUNG	– Schülerarbeiten – Werbebilder

| FARBE | KUSCHELTIERE IN SANFTEN FARBEN | KLASSE 1–4 |

ZIELVORSTELLUNG	Ermischen von sanften pastellartigen Farben mit Deckweiß. Dabei soll die besondere Wirkung und Bedeutung dieser Pastelltöne wahrgenommen und eingesetzt werden. Durch den getupften oder gestrichelten pastosen Farbauftrag kann die Fellstruktur etwas imitiert werden.
MATERIAL	- Malblock DIN A3 oder Kopiervorlagen - Deckweiß (weiße Dispersionsfarbe) und Wasserfarben - Borstenpinsel
ARBEITSWEISE	1. Vormalen der wichtigsten Formlinien mit wässriger Farbe oder Auswahl einer Kopiervorlage 2. Ermischen der gewünschten Pastellfarbe(n) mit viel Weiß. Es sollte eine dickflüssige Farbmasse sein 3. Bemalen des Tieres durch Auftupfen oder Aufstricheln der Farbe 4. Bemalen der Umgebung, des Hintergrunds 5. Vorsichtiges Aufmalen von Tierdetails (Augen usw.)
ZEITAUFWAND	mit Kopiervorlage mindestens 20 Minuten
HINWEISE/TIPPS	- Unterschiedliche Kuscheltiere in unterschiedlichen Farben mitbringen (lassen)! - Aussehen und Funktion von Kuscheltieren - Beim Bemalen sollten nicht Flächen angelegt, sondern einzelne Farbtupfen oder kurze Farbstriche eingesetzt werden. Eventuell kurze Demonstration der Arbeitsweise für die SchülerInnen. - Sind durch Kopiervorlagen Fellstrukturen oder sonstige Linienverläufe vorgegeben, kann man sich bei der Bemalung daran orientieren. - Ähnliche Malaufgaben lassen sich mit Puppen o. Ä. durchführen.
WERKBETRACHTUNG	- Schülerarbeiten - Abbildungen in Katalogen und Spielzeugprospekten - mitgebrachte „Originalkuscheltiere"

FARBE	EINE BUNTE MISCHUNG GUMMIBÄRCHEN	KLASSE 1–4

ZIELVORSTELLUNG

Reine und gemischte Farben sollen angewendet werden. Eine Farbe sollte mehrmals, allerdings an verschiedenen Stellen verwendet werden. Dabei entstehen neben unterschiedlichen Farben auch verschiedenartige Farbgruppierungen. Kurz gesagt: eine bunte Mischung.

MATERIAL

- Styrene oder Moosgummi, eine Packung Gummibärchen
- kleines Blatt, Bleistift, Kugelschreiber, Schere
- kleines Holzklötzchen, etwas Klebstoff oder etwas doppelseitiges Klebeband
- Borstenpinsel und Deckfarbe
- Papier, DIN A4 bis maximal DIN A3

ARBEITSWEISE (Einzelarbeit)

1. Ein Gummibärchen entwerfen. Die Umrisszeichnung auf Styrene oder Moosgummi übertragen.
2. Ausschneiden des Bärchens. Der Druckstock wird auf ein kleines Holzklötzchen (abgeschnittene Dachlattenstücke) geklebt.
3. Einfärben der Druckfläche mit gut gesättigten, nicht zu flüssigen Wasserfarben und Borstenpinsel.
4. Abdrucken an beliebiger Stelle. Manchmal sind zwei oder mehrere Abdrucke möglich, bevor wieder Farbe aufgenommen werden muss.
5. Mit einer Farbe viele Abdrücke herstellen, bevor die Druckfarbe gewechselt wird.

ZEITAUFWAND

mindestens 45 Minuten für ein kleineres Format

HINWEISE/TIPPS

- Es müssen nicht immer Gummibärchen sein. Auch ovale Bonbons, runde Drops, eckiger Kaugummi und andere Süßigkeiten sind möglich.
- Es könnte zuerst eine (durchsichtige) Packung für die Süßigkeiten gemalt werden.
- Zuerst mit den hellsten Farben (Gelb, Orange usw.) beginnen.
- Die „Kleinen" drucken größere Gummibärchen, die „Größeren" kleinere.
- Präsentationsformen und Verpackungen
- Inhaltsstoffe, Farbstoffe

WERKBETRACHTUNG

- Schülerarbeiten
- Abbildungen aus Prospekten und Werbebildern
- Originalverpackungen

FARBE DSCHUNGELBILD ÜBERARBEITEN KLASSE 1–4

ZIELVORSTELLUNG Eine vorgegebene Schwarzweißkopie eines Dschungelbilds wird durch Farbe verändert und teilweise auch motivisch ergänzt.

MATERIAL
- Kopie eines Dschungelbilds möglichst im DIN-A3-Format
- Wasserfarben, Deckweiß, Borstenpinsel
- eventuell ausgeschnittene Tiere oder Teile von Tieren aus Zeitschriften, Kinderpostern, Prospekten
- Schere und Klebstoff/Klebestift

ARBEITSWEISE (Einzelarbeit)
1. Übermalen der vorgegebenen Formen mit möglichst vielen Farbmischungen und Ergänzen der noch freien Flächen mit eigenen Bildideen.
2. Eventuell weitere Ausstattung der Bildfläche durch Collageteile.

ZEITAUFWAND ohne Collagieren mindestens 20 Minuten

HINWEISE/TIPPS
- Bildmaterial mittelfristig bereits ausgeschnitten sammeln (lassen).
- Man kann je nach Altersstufe auch unterschiedliche Veränderungen anregen (Im Dschungel geht es lustig zu, Dschungel bei Nacht, Eine Dürre sucht den Dschungel heim).
- Informationen/Verbindungen zu Dschungelvegetation und Tierbestand (Heimat- und Sachunterricht).
- Die Machart kann auch auf andere Themenbereiche übertragen werden (Großstadtdschungel, Spielplatz, Frühstück im Grünen, Ausflug).

WERKBETRACHTUNG
- Dschungelbilder aus Naturkundebüchern
- Film- und Videoausschnitte
- Schülerarbeiten
- Kunstbeispiele:
Rousseau: Urwaldlandschaften, z. B. Urwaldlandschaft mit untergehender Sonne (Neckar Verlag)
Ernst: Totem und Tabu (Neckar Verlag)

Rousseau: Urwaldlandschaft

FARBE	ROTES WUT-UND-ZORN-BILD	KLASSE 1–4

ZIELVORSTELLUNG	Umgehen mit Grund- und Mischfarben. Fleckhaftes flüchtiges Malen und Auftupfen von Farbe mit dem Borstenpinsel. Eine (hier aggressive) Stimmung wird mit entsprechenden Farben möglichst in adäquater (hier: dynamischer, aggressiver, wilder) Malweise ausgedrückt.
MATERIAL	– Malblock DIN-A3- bis DIN-A2-Format, Borstenpinsel – Wasserfarben, auch Dispersions- oder Temperafarben
ARBEITSWEISE (Einzelarbeit)	1. Situationen, die Wut oder Zorn auslösen oder auslösen könnten. Mögliche farbige Darstellungs- und Malweisen von Wut und Zorn. Auch individuelle farbliche Varianten sind möglich (Giftgrün-Orange, Violett-Gelb, Rot-Schwarz usw.). 2. Aufnehmen von Farben mit dem Borstenpinsel, spontanes, dynamisches Malen (Wut im Bauch). 3. Ergänzen der Rotflächen z. B. durch schwarz angelegte Formen, Linien, Zeichen, Schmierer (Flecken) und Spritzer.
ZEITAUFWAND	mindestens 20 Minuten
HINWEISE/TIPPS	– Sammeln und Deuten von Sprichwörtern und Redensarten – Erörtern von Farbbedeutungen – Übertragen der Aufgabe auf andere „Stimmungsbereiche", z. B. Blautoniges Beruhigungsbild, Hellgrünes Hoffnungsbild – rasches aber konzentriertes Arbeiten ist erforderlich
WERKBETRACHTUNG	– Schülerarbeiten – Kunstbeispiele von Appel, Nay u. a. abstrakte und informelle Malerei Gerhard Richter: Abstraktes Bild Nr. 567 (Neckar Verlag) Rainer Fetling: Van Gogh und Mauer V (Neckar Verlag)

Richter:
Abstraktes Bild Nr. 567

| FARBE | EINE STREIFENSCHLANGE UNTERWEGS | KLASSE 2–4 |

ZIELVORSTELLUNG	Eine dicke gestreifte Schlange schängelt sich durch die Landschaft. Einmal im hohen Gras, auf einer Felsenplatte, im Geäst, im Sumpf oder am Bachrand. Es sind viele Varianten möglich. Abhängig von der Umgebung ist die Schlange einmal gut und einmal weniger gut zu sehen.
MATERIAL	– Malblock DIN A3 (Hoch- oder Querformat) – Wasserfarben, Deckweiß/weiße Dispersionsfarbe – Borstenpinsel
ARBEITSWEISE (Einzelarbeit)	1. Die Schlange wird möglichst groß ins Bild gesetzt. Skizzieren der Schlange und der wichtigsten Teile ihrer Umgebung mit wässriger Farbe. 2. Bemalen der Schlange mit einem Ocker-, Braun- oder Grauton, anschließendes Aufmalen der Streifen. 3. Farbig differenzierte Ausgestaltung der Umgebung
ZEITAUFWAND	mindestens eine Unterrichtstunde
HINWEISE/TIPPS	– Für die Schlange können auch andere (bunte, leuchtende) Farben gewählt werden. – Die Aufgabe/bildnerische Problemstellung kann auch andere Tiere berücksichtigen (Hase, Frosch, Kröte, Igel, Maus u. a.). – Tarn- und Signalwirkungen von Farben bei Tieren und Menschen. Die Wirkung einer Farbe ist von ihrer jeweiligen Umgebung abhängig. – Ähnlich gelagerte Problemstellungen können besonders bei kleineren Formaten auch als zeitliche Differenzierungsaufgabe oder als Freiarbeit eingesetzt werden.
WERKBETRACHTUNG	– Schülerarbeiten – Tierabbildungen (Tierbücher, Lexika, Illustrierte) und Dias – Kunstbeispiele: Kokoschka: Der Mandrill

| FARBE | BUNTER BLUMENGARTEN | KLASSE 2-4 |

ZIELVORSTELLUNG	Farbige Elemente (Blumen/Blüten) regelmäßig oder unregelmäßig anordnen beziehungsweise gruppieren. Eigene Wahrnehmungen aber auch Kunstbeispiele sollten berücksichtigt werden.
MATERIAL	- Malblock DIN A3 - Wasserfarben, Borstenpinsel - eventuell Deckweiß/weiße Dispersionsfarbe
ARBEITSWEISE (Einzelarbeit)	1. Verbalisieren eigener Erfahrungen zu schönen Pflanzen, Pflanzenkombinationen und Gärten. Bildbetrachtung/Wahrnehmungsübung (Blumen- oder Blumengartenbild). 2. Gestalten eines eigenen Blumengartens mit unterschiedlichen Blütenformen, Blüten- und Farbkombinationen. 3. Die noch freien weißen Flächen werden mit unterschiedlichen Grüntönen ausgemalt.
ZEITAUFWAND	mindestens eine Unterrichtsstunde
HINWEISE/TIPPS	- Erfahrungen mit eigenen und fremden Blumengärten (Riechen, Fühlen usw.) - Die Blumen/der Blumengarten als Erlebnis- und Erholungsort. Die Anordnung kann zufällig oder wohlüberlegt sein. - fröhliche und nachdenkliche Geschichten rund um die Blume/den Blumengarten (Deutsch)
WERKBETRACHTUNG	- Schülerarbeiten - Kunstbeispiele: Klimt: Bauerngarten mit Sonnenblumen (Kunstkreis Korntal) Monet: Ecke im Garten von Montgeron (Kunstkreis Korntal) Dufy: Strauß Aronstab (Kunstkreis Korntal)

FARBE	DER STURMWIND BIEGT BÄUME UND ÄSTE	KLASSE 2-4

ZIELVORSTELLUNG Durch die Farbauswahl und eine linienhafte bzw. strichelnde Malweise kann der Eindruck von stürmischer Windbewegung nachempfunden und dargestellt werden. Der Wind ist so stark, dass sich Bäume fast zum Brechen biegen.

MATERIAL
- Malblock DIN A3
- Wasserfarben, Deckweiß/weiße Dispersionfarbe
- Borstenpinsel

ARBEITSWEISE (Einzelarbeit)
1. Strichelnde, linienhafte Malweise des Sturmwindes in unterschiedlichen Blautönen. Die „Himmelfläche" sollte mindestens die Hälfte des Formats füllen.
2. Gestalten des Bodens in selbst gewählten Farben. Es kann vielfältig gemischt werden.
3. Zum Schluss werden die sturmbewegten Bäume gemalt.

ZEITAUFWAND mindestens eine Unterrichtsstunde

HINWEISE/TIPPS
- Demonstration der Arbeitsweise, falls die Maltechnik noch nicht bekannt ist
- Weitere Bezüge zu Bewegung sichtbar machen/darstellen: Springbrunnen, Gebirgsbach, Wasserfall, Feuerwerk, Wildwasserbach, Vulkanausbruch usw.
- Bezüge auch im Bereich Grafik/Druckgrafik und im fotografischen Bereich
- Ursachen und Wirkung von Stürmen (Sachunterricht)

WERKBETRACHTUNG
- Schülerarbeiten
- Kunstwerke. Zum Beispiel:
  Corot: Der Windstoß (Kunstkreis Korntal)

| FARBE | DAS CHAMÄLEON IST KAUM ZU SEHEN | KLASSE 2-4 |

ZIELVORSTELLUNG	Übermalen einer Vorlage und freies Ausgestalten der Umgebung. Dabei sollen möglichst viele unterschiedliche Farben und Farbtöne eingesetzt werden, die sowohl in der Figur als auch in ihrer Umgebung auftauchen sollten. Damit ist das Figur-Grund-Problem angesprochen, denn die Figur soll in diesem Falle in der Umgebung verschwinden.
MATERIAL	- Malblock DIN A3 - Kopiervorlage Chamäleon oder auch andere Tiere (siehe Kopiervorlagen) - Schere, Klebstoff - Wasserfarben, eventuell Deckweiß - Borstenpinsel
ARBEITSWEISE	1. Ausschneiden der Figur aus der Kopiervorlage 2. Aufkleben der Figur an gewünschter Stelle 3. Möglichst „gleichzeitiges" Bemalen von Figur und Umgebung mit der jeweils gewählten oder ermischten Farbe mit Farbpunkten oder kleineren Farbstrichen/Farbflächen. Eine Farbe, die in der Figur auftaucht, sollte sofort auch für die Umgebung verwendet werden und umgekehrt. Das Blatt sollte keine weißen Stellen mehr aufweisen.
ZEITAUFWAND	mindestens eine Unterrichtsstunde
HINWEISE/TIPPS	- Falls ein entsprechendes Kopiergerät vorhanden, können Sie auch die Vorlagen direkt auf ein DIN-A3-Blatt kopieren. Damit entfallen die Ausschneide- und Klebearbeiten. - Wenn Sie die Vorlage beim Kopieren jeweils etwas verschieben, entstehen unterschiedliche Lagebeziehungen des Tieres innerhalb der Bildfläche. Die Betrachtung wird dadurch spannender. - Tarnung von Tieren, Menschen und Objekten zu unterschiedlichen Zwecken (Sachunterricht) - Abhängigkeit der Tarnung (Tarnfarbe/Tarnfarbenkombination) vom jeweiligen Hintergrund. Erörterung und konkretes Nachvollziehen der Möglichkeiten, die Tarnwirkung aufzuheben oder Objekte mit auffälligen Farben zu tarnen bzw. zu verstecken.
WERKBETRACHTUNG	- Beispiele für Tarnwirkungen aus dem Tierreich (Biologiebücher, Dias, Tierposter usw.) - Schülerarbeiten - Kunstbeispiele: Kokoschka: Der Mandrill

| FARBE | SCHILLERNDER RIESENKÄFER | KLASSE 2–4 |

ZIELVORSTELLUNG Manche Käfer faszinieren SchülerInnen vor allem durch ihre leuchtend schillernden Farben. Dieser Effekt kann ansatzweise durch bildnerisch praktische Arbeit nachvollzogen und auch auf andere Gegebenheiten übertragen werden.

MATERIAL
- Malblock DIN A3
- Deckfarben und Borstenpinsel, evtl. Deckweiß
- einige ausgewählte Dispersionsfarben, kleine Pappteller als Palette

ARBEITSWEISE (Einzelarbeit)
1. Skizzieren des Käfers mit stark verdünnter Farbe. Der Käfer sollte nahezu Format füllend angelegt werden.
2. Für den Leucht- bzw. Glanzeffekt werden an ein bis zwei ausgewählten Stellen leuchtende Farben wie zum Beispiel Gelb, Orange, Rot, Gelbgrün, Grün, Violett und eventuell ein intensives Blau in mehr oder weniger großen Farbstrichen direkt nebeneinandergesetzt. Die Farben sollten kontrastieren und nicht ineinanderlaufen.
3. Bemalen des restlichen Käferkörpers mit dunklen Farben oder mit Schwarz. Es kann auch zunächst die Umgebung und dann der restliche Käfer bemalt werden.

ZEITAUFWAND mindestens 45 Minuten ohne Probierphase

HINWEISE/TIPPS
- Auf Probeblatt Leuchtwirkungen testen. Dazu werden verschiedene Farbstreifen nebeneinandergesetzt. Zum Beispiel: Gelb-Grün-Gelb-Rot-Dunkelgrün oder Orange-Dunkelgrün-Rot-Gelb oder Violett-Gelb-Blau-Orange oder …
- Als Alternative zu einem „nur" gemalten Bild können Teile eines schwarzen Fantasiekäfers mit bunt schillernden folienartigen Geschenkpapierresten ausgestattet werden. Die Geschenkpapierfolien haben die Eigenschaft, bei unterschiedlichen Lichteinwirkungen in den unterschiedlichsten Farben zu glänzen/leuchten. Teile der Folie können bei Bedarf mit schwarzer Dispersionsfarbe übermalt werden.
- Käfer, schillernde Käfer, Leuchtkäfer (Sachunterricht), Käfergeschichten (Deutsch)

WERKBETRACHTUNG
- Käferabbildungen aus Biologiebüchern, auf Dias und auf alten Stichen oder Zeichnungen
- Schülerarbeiten

| FARBE | SAFTMISCHUNGEN | KLASSE 2-4 |

ZIELVORSTELLUNG	Reine und gemischte Farben sollen angewandt werden und dabei ein differenziertes Farbspektrum ergeben. Farben können eine bestimmte Bedeutung besitzen, durch Farben können bestimmte Wirkungen erzielt werden.
MATERIAL	- Deckfarben, Borstenpinsel, eventuell Haarpinsel - Kopiervorlage(n) oder einfache Umrisszeichnungen mit (wasserabstoßenden Wachsstiften oder Wachskreiden auf einen DIN-A3-Malblock
ARBEITSWEISE	1. Auswahl einer Kopiervorlage oder Herstellen einfacher Umrisszeichnungen von verschiedenen Gläsern, Krügen, Flaschen 2. Ausmalen der Binnenflächen und der Umgebung
ZEITAUFWAND	mindestens 30 Minuten für geübte MalerInnen bei Verwendung einer Kopiervorlage
HINWEISE/TIPPS	- Erörtern, Zusammenstellen von Säften und Saftmischungen (zum Beispiel: reiner Apfelsaft, Apfelsaft naturtrüb, Apfelsaftschorle, Bananensaft, schwarzer und roter Johannisbeersaft, Tomatensaft, Rote-Beete-Saft, Multivitaminsaft, Zitronensaft, Traubensaft, Kirschsaft, Karottensaft, Sanddornsaft, Tomatensaft, Apfel-Orangensaft usw.) - Aufbau einer kleinen Safttheke (gesunde Ernährung, Sachunterricht) mit vielfältigen konkreten Saftmischungen und Farbmischbeobachtungen - Fantasienamen für Mischgetränke (Deutsch) - Farbimitationen durch wässrige und gesättigte Farben, durch Farbmischungen, durch Aufhellen und Trüben von Farben
WERKBETRACHTUNG	- Schülerarbeiten - Abbildungen aus Werbeprospekten, Illustrierten, Getränke- und Kochbüchern

| **FARBE/GRAFIK** | **VERBLASEN VON FARBEN** | **KLASSE 2–4** |

ZIELVORSTELLUNG	Das Verblasen von Farbflüssigkeiten gehört zu den Zufallstechniken (aleatorische Techniken). Der Zufall kann aber mehr oder weniger gesteuert verlaufen (Farbenauswahl, Größe und Form der Farbpfützen, Aufbringen der Farbe durch Tropfen oder Pinsel, Blasrichtungen, Verblasen mit dem Mund oder mit Trinkhalm o. Ä., sanftes und starkes Pusten).
MATERIAL	– Wasserfarben oder Flüssigfarben (z. B. verdünnte Dispersionsfarben) – dicker Borsten- oder Haarpinsel – Papierformate DIN A5 bis DIN A3 – eventuell Trinkhalm, muss aber nicht sein
ARBEITSWEISE (Einzelarbeit)	1. Farbe mit viel Wasser anrühren, mit dem Pinsel aufnehmen und über dem Blatt abtropfen oder abstreifen. 2. Die Farbpfütze möglichst sofort verblasen und wieder Farbe aufnehmen. 3. Nach dem Trocknen kann ein Verblasbild weiter ausgedeutet werden.
ZEITAUFWAND	bei kleineren Formaten mindestens 20 Minuten
HINWEISE/TIPPS	– Da Verblasbilder zunächst motivisch oder thematisch nicht gebunden sein müssen, können sie als Grundlage für eine spätere Aus- oder Weiterarbeit dienen. – Kleinformatige Arbeiten oder besonders gelungene Ausschnitte größerer Arbeiten können für Glückwunschkarten, persönliche Schilder u. Ä. verwendet werden; größere Arbeiten für Deckblätter, Einbände, Bildersammelmappen oder ähnliche Designobjekte. – Verblasbilder können auch als Collagematerial eingesetzt werden.
WERKBETRACHTUNG	– Schülerarbeiten – eventuell Tropfbilder von Pollock

| FARBE | EISBECHER IM EISFACH | KLASSE 2-4 |

ZIELVORSTELLUNG — Reine und vor allem mit (Deck-)Weiß gemischte Farben sollen angewandt und ein differenziertes Farbspektrum ergeben. Bestimmte Farbmischungen ergeben bestimmte Eissorten, für die Umgebung (Eisfach) sollen unterschiedliche Blautöne gewählt werden.

MATERIAL
- Kopiervorlagen oder Malblock DIN A4/A3
- Wasserfarben, Deckweiß/weiße Dispersionsfarbe, Borsten- und evtl. Haarpinsel
- eventuell helle Wachskreiden

ARBEITSWEISE (Einzelarbeit)
1. Kopiervorlage auswählen oder Herstellen einer einfachen Umrisszeichnung (max. 5 Minuten)
2. Farbmischungen gezielt herstellen (eventuell ein Probeblatt verwenden, pastoses Bemalen der Flächen
3. Malen der „eisigen" Umgebung

ZEITAUFWAND — 45 Minuten müssten genügen

HINWEISE/TIPPS
- Die Eiskugeln sollten etwas größer sein als die wirklichen Eiskugeln. Zuerst mit den unteren Kugeln beginnen, dann die anderen in mindestens zwei Schichten darübermalen.
- Farbmischungen mit und ohne Weiß. Mischen vieler unterschiedlicher Farbtöne (von hellgrünem Pistazieneis zum rot-violetten Johannisbeereis). Das Eis sollte jeweils benannt werden können.
- Eventuell kann der Eisbecher zum Schluss mit einem Sahnehäubchen, mit einer Waffel oder mit frischem Obst ausgestattet werden. Auch die Verwendung von ausgeschnittenen farbigen Bildteilen ist möglich.

WERKBETRACHTUNG
- Schülerarbeiten
- Eiswerbung

| FARBE | GUT UND SCHLECHT VERSTECKT | KLASSE 2-4 |

ZIELVORSTELLUNG	In eine vorgegebene oder selbst gemalte Umgebung werden Figuren eingeklebt. Diese Figuren können in der Umgebung quasi verschwinden oder aber auch besonders auffallen.
MATERIAL	- Als Umgebung ein buntes Bild (Kalenderbild, Kunstdruck, Illustriertenseite, alte Schülerarbeit u. Ä.) oder Malblock (DIN-A4- bis DIN-A3-Format), Wasserfarben und Borstenpinsel - Figuren und Gegenstände aus Prospekten, Katalogen, Illustrierten - Schere und Klebstoff
ARBEITSWEISE (Einzelarbeit)	1. Vorgabe oder Auswahl einer Abbildung oder Malen einer Umgebung 2. Ausschneiden von Figuren und/oder Gegenständen 3. Probeweises Anordnen und anschließendes Aufkleben der Figuren
ZEITAUFWAND	mindestens 20 Minuten nur zum Ausschneiden, Anordnen und Aufkleben
HINWEISE/TIPPS	- Diese Aufgabe ist eine relativ einfache praktische Übung zum bildnerischen Problem „Hervorheben und Verbergen" und zur Bewusstmachung des „Figur-Grund-Prinzips". Die SchülerInnen können durch Erproben/Verschieben der Figur/en erkennen, dass die auffallende oder eher verbergende Farbwirkung einer Figur sehr stark vom umgebenden Grund abhängig ist. - Es können für Figur und Grund auch Regenbogenbuntpapiere oder selbst hergestellte Farbpapiere verwendet werden. Dazu werden zwei Blätter mit fast identischen Farbkonstellationen bemalt. Ein Blatt dient als Grund. Aus dem zweiten Blatt werden einige einfache Figuren ausgeschnitten und so angeordnet, dass einige Figuren stark auffallen und einige Figuren kaum zu sehen sind.
WERKBETRACHTUNG	- Schülerarbeiten - Farbbilder aus unterschiedlichen Bereichen - Kunstbeispiele: Kokoschka: Der Mandrill Kokoschka: Die Windsbraut (Neckar Verlag)

| FARBE | OBST/GEMÜSE IM MIXER | KLASSE 2-4 |

ZIELVORSTELLUNG	Anwenden unterschiedlicher Maltechniken: Flächiges, fleckhaftes Malen bis hin zum Mischen von Farben auf dem Blatt durch tupfendes Malen. Dabei sollen Farben aus dem Wasserfarbkasten ungemischt und gemischt verwendet werden. Beobachtungen zum Mixen aus dem häuslichen Bereich sind hilfreich.
MATERIAL	- Malblock DIN A3 - Wasserfarben, Borstenpinsel
ARBEITSWEISE	1. Anlegen der Mixerform mit wässriger Farbe. Nachdem die endgültige, möglichst Format füllende Form gefunden wurde, können die Umrisse mit gesättigter Farbe intensiv und gut sichtbar gemalt werden. 2. Malen der Gemüsestücke/Obststücke im oberen Mixerbereich vorwiegend durch fleckhaftes, strichelndes Malen 3. Malen der bereits gemixten Gemüsestücke durch tupfendes Malen und Übereinandermalen im unteren Mixerbereich 4. Bemalen der Umgebung hauptsächlich durch flächige Malweise
ZEITAUFWAND	mindestens 45 Minuten
HINWEISE/TIPPS	- Man wird wohl nicht um eine kleine Mixvorführung herumkommen, denn das schafft zumindest von der konkreten Anschauung/Beobachtung her gleiche Voraussetzungen - Was man mixt, sollte anschließend auch verspeist werden können (zum Beispiel Äpfel, Bananen, Kiwis, Erdbeeren und Zwetschgen). - Präsentation unterschiedlicher Standmixer mit durchsichtigem Glas (Kataloge, Prospekte aus dem Elektrohandel) - Das Mixbild soll einen Moment festhalten, bei dem die unten liegenden Obstteile bereits gemust, die oberen Teile noch fast unversehrt sind.
WERKBETRACHTUNG	- Schülerarbeiten - Abbildungen von Mixern

| FARBE | VULKANAUSBRUCH | KLASSE 2-4 |

ZIELVORSTELLUNG	Bewegung ausdrücken durch Farbspritzer, Farbverläufe und Pinselspuren.
MATERIAL	- Malblock DIN A3 (Hoch- oder Querformat) - angerührter Tapetenkleister - Wasserfarben oder Flüssigfarben, weiße Dispersionsfarbe - Borstenpinsel, Malerpinsel - eventuell Asche, Sand, kleine Kohlestückchen, Steinchen
ARBEITSWEISE (Einzelarbeit)	1. Darstellen des Vulkans und seiner Umgebung mit größerem Borstenpinsel. Der Vulkan sollte höchstens bis zur Bildmitte reichen. 2. Mit einem Malerpinsel wird fast die gesamte Bildfläche dünn mit Tapetenkleister eingestrichen. 3. Glühende Lava sowie Qualm und herausschießende Dinge werden mit entsprechenden Farben und entsprechenden Farbspuren (Farblinien, Farbstriche, kreisende Bewegungen) dargestellt. 4. Explosionen können auch durch Farbspritzer und eventuell durch Verblasen von Farbpfützen dargestellt werden. 5. Zum Schluss kann auf gut eingekleisterte Stellen etwas Asche, Sand oder Sägemehl aufgestreut werden.
ZEITAUFWAND	mindestens 45 Minuten
HINWEISE/TIPPS	- Auf einem größeren Abschnitt einer Tapetenbahn (Rückseite) kann auch in Partner- oder in Kleingruppenarbeit gestaltet werden. - Es können zu dem bildnerischen Problem der Sichtbarmachung/Darstellung von Bewegung auch alternative Motivvorschläge entwickelt werden (Sprengung einer Brücke, Explosion in einem Chemielabor, Märchenszenen, Eruptionen auf einem fernen Planeten usw.)
WERKBETRACHTUNG	- Schülerarbeiten - Abbildungen oder Dias von Vulkanausbrüchen, Explosionen usw. - Kunstbeispiele: Bilder von Appel oder Francis

| FARBE | HERBSTASTERNBLÜTEN | KLASSE 2–4 |

ZIELVORSTELLUNG	Ermischen von vielfältigen Farbtönen im Blau-Rot-Violett-Bereich. Dazu kommen Mischungen mit Deckweiß. Durch die Farbauswahl und einen Farbauftrag durch strichelnde Malweise können vielfarbige, größere und kleinere Blüten gruppiert werden. Auch Überschneidungen mit teilweisen Übermalungen sind möglich.
MATERIAL	- Malblock DIN A3 oder Tonpapier - Wasserfarben, Deckweiß/weiße Dispersionsfarbe - Borstenpinsel
ARBEITSWEISE (Einzelarbeit)	1. Ermischen einer Farbe. Am besten beginnt man mit den hellen Tönen zunächst ohne Deckweiß, dann kommen die dunkleren Farbtöne. Später können Blüten mit Deckweiß gemischt und teilweise deckend darübergemalt werden. 2. Eine Blüte kann zunächst wie ein Kreuz angelegt werden. Vom Mittelpunkt ab werden dann Farbstriche nach außen geführt. Die Farbstriche sollten als solche noch erkennbar bleiben. 3. Die gesamte Blattfläche sollte mit Blüten oder mit einer farbigen Umgebung „ausgefüllt" sein.
ZEITAUFWAND	mindestens 30 Minuten
HINWEISE/TIPPS	- Demonstration der Arbeitsweise, falls die Maltechnik noch nicht bekannt ist. - Die Aufgabe kann nach den jeweiligen Jahreszeiten variiert werden: zartbunte Frühlingsblüten (mit Weiß aufgehellte Farbtöne), knallbunte Sommerblumen (kräftige Farben kombiniert mit kräftigen Grüntönen), Eisblumen am Fenster bzw. gefrorene Reste einer Blumenkolonie (Ton-in-Ton-Malerei mit viel Weiß)
WERKBETRACHTUNG	- Schülerarbeiten - Blumen-, Wiesen- und Gartenbilder (Kalender, Illustrierte, Gartenkataloge und Gartenzeitschriften) - Kunstwerke, zum Beispiel: Klimt: Blumengarten (Kunstkreis Korntal) Monet: Seerosenbilder u. a. (z. B. Kunstkreis Korntal) Renoir: Vase mit Blumenstrauß (Kunstkreis Korntal) Van Gogh: Blühender Kastanienzweig (Kunstkreis Korntal) Corinth: Blumenstrauß (Kunstkreis Korntal) Chagall: Bouquet (Kunstkreis Korntal)

| FARBE | IM BUNTEN PLASTIKKUGELBAD | KLASSE 2-4 |

ZIELVORSTELLUNG	Die SchülerInnen lernen eine Maltechnik kennen, erproben diese und wenden sie in geeigneten Motivstellungen an. Man könnte diese Technik die „Borstenpinsel-auf-der-Stelle-Drehtechnik" nennen, denn der eingefärbte Borstenpinsel wird möglichst senkrecht auf das Blatt gesetzt, etwas angedrückt und dann auf der Stelle gedreht. Mit etwas Übung erhält man fast kreisrunde Flächen, die als Bälle, Ballons, Beeren u. Ä. stehen könnten.
MATERIAL	- Borstenpinsel (Größen 8–12), Deckfarben, eventuell Deckweiß - Probeblatt, Malblock DIN A3 oder DIN A4 - eventuell Collagematerial aus Katalogen, Prospekten, Zeitschriften u. Ä., Schere, Klebstoff oder Klebestift
ARBEITSWEISE (Einzelarbeit)	1. Etwas Farbe mit dem Pinsel aufnehmen. 2. Pinsel möglichst senkrecht aufsetzen und auf der Stelle drehen. 3. Die bunten Plastikkugeln sollten mindestens zwei Drittel der Blattfläche füllen. Der obere Teil der Bildfläche wird ausgemalt. 4. Aus Spielzeugkatalogen, Spielzeugprospekten und normalen Versandhauskatalogen werden einige Kinder und eventuell eine Rutsche ausgeschnitten und auf das Bild geklebt. Manche Kinder gucken nur noch mit dem Kopf oder ab dem Oberkörper aus dem Plastikkugelbad.
ZEITAUFWAND	mindestens 60 Minuten
HINWEISE/TIPPS	- Bei Verwendung verschiedener Farben mit den hellen Farben (Gelb, Orange usw.) beginnen. - Nachdem die Farbe getrocknet ist, kann teilweise übermalt werden. - Überarbeiten von dunklen Stellen durch Mischen mit Deckweiß. - Es kann pastos (deckend) und/oder durchscheinend (lasierend) gearbeitet werden. - Von einer Farbe sollten jeweils mehrere Kugeln „gedreht" werden. - Werden die Bildteile zu Hause ausgeschnitten, kann einige Zeit eingespart werden.
WERKBETRACHTUNG	- Schülerarbeiten

| FARBE | AUF DER TERRASSE | KLASSE 3-4 |

ZIELVORSTELLUNG Kennenlernen und praktisches Umsetzen unterschiedlicher Maltechniken. Farbpunkte und kleine Farbflächen werden als malerisches Ausdrucksmittel eingesetzt, wobei vorwiegend deckend gemalt wird.

MATERIAL
- Malblock DIN A3 und Kopiervorlagen oder Kopiervorlage bereits auf DIN-A3-Blatt kopiert
- eventuell Schere und Klebstoff
- Wasserfarben, Deckweiß, Borstenpinsel

ARBEITSWEISE (Einzelarbeit)
1. Ausgangspunkt ist das Bild von Renoir: Auf der Terrasse. Eventuell Bildbetrachtung/Wahrnehmungsübung, zu Beginn oder am Ende der praktischen Arbeit (falls das Bild eingesetzt werden kann).
2. Auswahl einer Kopiervorlage, Ausschneiden, Aufkleben und Bemalen der Vorlage.
3. Ausgestalten des Hintergrunds/der Umgebung nach individuellen Vorstellungen (blühender Sommergarten, Frühlingslandschaft, warmer Herbsttag, am Strand usw.) durch tupfende o. a. Malweise. Es kann aber auch eine nicht passende (gegensätzliche) Umgebung gewählt werden.
4. Dieses Herstellungsprinzip lässt sich auch auf andere Bilder mit Figuren übertragen.

ZEITAUFWAND mindestens 60 Minuten

HINWEISE/TIPPS
- Verwendungsmöglichkeit von Kopiervorlagen
- Nachahmen einer Malweise
- Vergleich früher – heute (Kleidung, Aussehen, Umgebung)
- Mögliches (Er-)Finden von Gegensätzen
- Mögliches (Er-)Finden neuer Umgebungen, neuer Situationen und Zusammenhänge
- Erzählsituation
- Spielsituation (Dialog)

WERKBETRACHTUNG
- Schülerarbeiten
- Kunstbeispiele:
  Renoir: Auf der Terrasse (Kunstkreis Korntal)
  Goya: Bildnis des Don Manuel Osorio de Zuniga (Neckar Verlag)
  Picasso: Das Kind mit der Taube
  Seurat: Der Zirkus
  Dix: Die Eltern des Künstlers (Neckar Verlag)

Renoir: Auf der Terrasse

FARBE	MEINE HÄNDE IN FARBE	KLASSE 3-4

ZIELVORSTELLUNG	Ausgehend von einer Umrisszeichnung oder einer Kopie der eigenen Hände sollen die Hände und die Umgebung farbig aus- und umgestaltet werden. Die Umsetzung kann rein malerisch erfolgen, aber auch mit farbigen Collageteilen kombiniert werden. Es können Schmuck-, Schmutz-, Farb-, Faschings- und andere Hände gestaltet werden.
MATERIAL	- Umrisszeichnung oder Fotokopie beider Hände auf ein DIN-A3-Blatt - Wasserfarben, Deckweiß, Borstenpinsel, eventuell Haarpinsel - helles Tuch und kleinere Gegenstände - Collagematerial aus Zeitschriften, Katalogen und Prospekten, Glanz- und Glitzermaterial - Schere, Klebstoff
ARBEITSWEISE (Einzelarbeit)	1. Jede/r darf einmal seine beiden Hände kopieren. Der Kopierdeckel bleibt dabei geöffnet. Die Hände werden nach dem festen Auflegen mit einem weißen oder hell gemusterten Tuch abgedeckt. Die entstandenen Strukturen der Umgebung bieten Hilfen und Ansatzpunkte für die farbige Ausgestaltung. Kleine persönliche Dinge können ebenfalls auf den Kopierer gelegt und mitkopiert werden. 2. Die Hände werden am besten durchscheinend (lasierend) oder deckend übermalt. Das deckende Malen auf Kopiervorlagen gelingt am besten mithilfe von Deckweiß, da auf dunklen Kopierteilen die normale Wasserfarbe abperlt. 3. Die Umgebung wird der gewählten Situation entsprechend ausgemalt. 4. Bei Bedarf werden farbige Teile angebracht. So zum Beispiel ausgeschnittene Collageteile, Glitzerteile, Stoffe, Wolle und Naturmaterialien.
ZEITAUFWAND	ohne Collagieren mindestens 20 Minuten, mit Collagieren mindestens 45 Minuten
HINWEISE/TIPPS	- Die SchülerInnen sind von den Kopien der eigenen Hände meist sehr angetan. Sie haben auch beim Arrangement auf dem Kopierer gewisse Auswahl- und Gestaltungsmöglichkeiten. Die Mithilfe eines Partners ist notwendig. - Sollte kein Kopiergerät vorhanden sein, muss man sich mit Umrisszeichnungen behelfen. Jeweils eine Hand wird möglichst flach und mit etwas gespreizten Fingern auf den Malblock gelegt und mit einem Zeichenstift umfahren.
WERKBETRACHTUNG	- Schülerarbeiten

| FARBE | IM REGENBOGENLAND | KLASSE 3-4 |

ZIELVORSTELLUNG	Reine und gemischte Farben sollen angewandt und einer Situation entsprechend angeordnet werden. Auch Wirkung und Bedeutung der Farben spielen eine wichtige Rolle, denn es können unterschiedliche Wettersituationen berücksichtigt werden.
MATERIAL	- Malblock DIN A3 - Deckfarben und Borstenpinsel, Deckweiß
ARBEITSWEISE (Einzelarbeit)	1. Anlegen des Regenbogens über die gesamte Bildfläche in entsprechenden Farben. Es können aber auch eigene Farbvorstellungen realisiert werden. 2. Die gewählten Farben des Regenbogens können auch im Regenbogenland mehr oder weniger häufig in mehr oder weniger großen Farbflächen wieder auftauchen. Der Regenbogen kann auch stellenweise übermalt werden.
ZEITAUFWAND	mindestens 45 Minuten
HINWEISE/TIPPS	- Regenbogengeschichten unterschiedlicher Art - Regenbogen als Naturphänomen (Heimat- und Sachunterricht) - Regenbogenfarben, Regenbogendarstellungen - Regenbogenfarben als Grundlage für den Mal- und Zeichenbedarf: Regenbogenbuntpapier, Regenbogentransparentpapier u. Ä. - Weitere Wetter- und Naturerscheinungen malen (Nebel, Schnee, Sonnenaufgang, Gewitter, Abendrot usw.)
WERKBETRACHTUNG	- Schülerarbeiten - Regenbogendarstellungen in Kinderbüchern und in der Kunst Zum Beispiel: Rubens: Regenbogenlandschaft (Kunstkreis Korntal) Hodler: Herbstabend (Kunstkreis Korntal) Schiele: Vier Bäume (Kunstkreis Korntal) Monet: Sonnenuntergänge Courbet: Die Woge (Neckar Verlag) Heckel: Frühling in Flandern (Neckar Verlag)

| FARBE | MUSIK UND FARBE | KLASSE 3-4 |

ZIELVORSTELLUNG	Im Unterschied zum „Malen nach Musik" oder „Zeichnen nach Musik", bei der der musikalische Eindruck mehr oder weniger spontan in Farbe oder Linien umgesetzt wird, werden hier sozusagen simultan und nachträglich musikalische Eindrücke in Farbe umgesetzt. Damit man weiß, dass es sich um etwas Musikalisches handelt, werden Noten oder Notenschlüssel als bildnerische Grundlage eingesetzt. Die Farben sollen verstärkt ihrer (stimmungsgemäßen) Wirkung und Bedeutung nach eingesetzt werden.
MATERIAL	- Malblock DIN A3 - Wasserfarben, Deckweiß, Borstenpinsel
ARBEITSWEISE (Einzelarbeit)	1. Mit schwarzer oder anderer dunkler Farbe werden einige Noten oder Notenschlüssel, eventuell auch andeutungsweise Notenlinien möglichst groß aufgemalt. 2. Der Wirkung der gewählten Musik entsprechend werden kleinere und größere Farbflächen/Farbformen angelegt. Das Blatt sollte vollständig bemalt sein. Es kann lustige, traurige, flotte, schrille, leise, laute, ernste, langsame und schnelle Musik gewählt werden.
ZEITAUFWAND	mindestens 30 Minuten
HINWEISE/TIPPS	- Ihre SchülerInnen sollten bei dieser Malaufgabe bereits einige Grunderfahrungen zur Bedeutungswirkung der Farbe (fröhliche Farben, traurige Farben) und zu unterschiedlichen Malweisen gemacht haben. Oft werden solche Verbindungen bereits im Musik-, Religions- und Deutschunterricht thematisiert. - Sie können nach einer Erstbegegnung mit der Musik mögliche Assoziationen/Bilder abrufen. Das erleichtert vielen mögliche Farbgebungen.
WERKBETRACHTUNG	- Schülerarbeiten - Ausgewählte Covers von Schallplatten und CDs - Kunstbeispiele: Nay: Kompositionen, zum Beispiel: Akkord in Blau Kandinsky: Kompositionen Delaunay: Kompositionen

| FARBE | ERSCHROCKENE GESTALTEN | KLASSE 3-4 |

ZIELVORSTELLUNG	Wirkungen von Farben wahrnehmen und einsetzen. Die Gestalten und Gesichter können durchaus verzerrt dargestellt werden und die Farben von den normalen Gegenstandsfarben abweichen.
MATERIAL	- Malblock DIN A3 - Wasserfarben, Deckweiß, Borstenpinsel
ARBEITSWEISE (Einzelarbeit)	1. Spontanes, umrisshaftes Skizzieren von zwei oder mehreren Figuren mit entsprechender Gestik (mit wässriger Farbe). 2. Skizzieren des erschrockenen Gesichts (zum Beispiel: Weitgeöffneter Mund, aufgerissene Augen). 3. Ausgestalten der Figuren mit selbst gewählten Farben, die nicht mit den „normalen" Farben übereinstimmen müssen. 4. Sparsames Ausgestalten der Umgebung.
ZEITAUFWAND	mindestens 60 Minuten
HINWEISE/TIPPS	- Erproben unterschiedlicher Gestik und Mimik, kleine Rollen-, Schatten- und andere Spiele (personales Spiel). Verbindungen zum Arbeitsbereich Spiel/Aktion. - Situationen aus dem eigenen Erfahrungsbereich - Verbindungen zum grafischen Bereich
WERKBETRACHTUNG	- Schülerarbeiten - Beispiele aus Comics und illustrierten Büchern - Kunstbeispiel: Munch: Der Schrei (Neckar Verlag)

Munch: Der Schrei

| FARBE | BORSTENPINSELDRUCK | KLASSE 3-4 |

ZIELVORSTELLUNG	Farbige Elemente sollen mit der Technik des Borstenpinseldrucks so angeordnet bzw. gruppiert werden, dass ein mosaikartiges Bild entsteht. Als Motive bieten sich Gebäude wie Häuser, Burgen, Schlösser, aber auch einzelne Gebäudeteile und Landschaftsausschnitte an.
MATERIAL	- Borstenpinsel Größe 8-12 - Wasserfarben, Deckweiß - Probeblatt - farbiges oder schwarzes Tonpapier ca. DIN A4 bis maximal DIN A3
ARBEITSWEISE (Einzelarbeit)	1. Farbe mit dem Borstenpinsel aufnehmen und möglichst flach (fast waagerecht) auf das Papier aufdrücken. Der Druckvorgang kann mehrmals wiederholt werden, bis wieder Farbe aufgenommen werden muss. Zwischen den einzelnen Farbflächen dürfen, wie bei einem Mosaik, kleinere Zwischenräume entstehen. 2. Eventuell kurze Erprobungsphase auf Probeblatt. 3. Umsetzen eines vorgegebenen oder selbst gewählten Motivs auf Tonpapier.
ZEITAUFWAND	mindestens 30 Minuten bei einem DIN-A4-Format
HINWEISE/TIPPS	- Erprobungsphase, falls noch kein Pinseldruck erfolgte. - Eventuell Verwendung der „Probedrucke" als Schmuckkarten. - Das gewählte Motiv sollte nicht aufgezeichnet werden. Als „Vorzeichnung" könnte ein (umrisshafter) Druck mit wässriger Farbe dienen. - Beim Abdruck von hellen Farben (gelb) kann bei unbefriedigender Deckkraft etwas Weiß beigemischt werden.
WERKBETRACHTUNG	- Schülerarbeiten - Abbildungen von Mosaiken. Zum Beispiel: Byzantinisches Mosaik „Henne mit Küken" (Neckar Verlag) - Klee: Ad parnassum (Kunstkreis Korntal)

| FARBE | FANTASIEFLAGGEN | KLASSE 3–4 |

ZIELVORSTELLUNG	Flaggen unterschiedlicher Staaten, Länder, Städte, Vereine usw., Signalflaggen, aber auch Fantasieflaggen können als Anschauungsobjekte herangezogen werden. Diese Flaggen können als Ausgangspunkte für Nachahmungen und Veränderungen eingesetzt werden. Es geht um die Kombination unterschiedlicher Farbflächen (Farbe, Größe, Form). Verbindungen mit anderen Fächern und die Einbindung in größere Vorhaben wie Feste, Umzüge u. Ä. sind möglich.
MATERIAL	– Malblock DIN-A3- bis A4-Format, alternativ: Alte Bettlaken, Kopfkissenbezüge, Tücher, Stoffwindeln o. Ä. – Wasserfarben, Deckweiß. Falls notwendig und vorhanden Textstifte und Textilfarben – Borstenpinsel, Haarpinsel
ARBEITSWEISE (Einzelarbeit)	1. Vormalen/Vorzeichnen der Musterungen. Möglichst wenig oder keine Details verwenden! Es können auch (dunkel-)farbige Trennlinien eingesetzt werden. 2. Ausmalen der Binnenflächen 3. Flaggenausstellung, Flaggenparade im Schulbereich
ZEITAUFWAND	mindestens 45 Minuten
HINWEISE/TIPPS	– Viele SchülerInnen dieser Altersstufe interessieren sich für andere Länder und deren Flaggen. Deshalb sollten Imitationen, Veränderungen, Kombinationen und Neuschöpfungen zugelassen werden. – Die Flaggen können auch für die Ausgestaltung von (Fest-)Räumen, als Schals, Kopfbedeckungen usw. genutzt werden. – Flaggen in der Mode (Kleidung, Bettwäsche, Schirme usw.) – Auch vereinseigene Flaggen stehen teilweise hoch im Kurs. Funktionen und (Aus-)Wirkungen von Flaggen.
WERKBETRACHTUNG	– Schülerarbeiten – Lexika, besondere Prospekte o. Ä. mit Flaggenübersichten, Flaggenabbildungen, Plakate usw.

| FARBE | FEUERSBRUNST | KLASSE 3-4 |

ZIELVORSTELLUNG	Flammen mit Gelb-, Orange-, Rot- und anderen Farbtönen darstellen und dabei Formen und Bewegung der Flammen durch entsprechende Pinselführung nachvollziehen. Mit den ausgeschnittenen Flammen wird eine Bildvorlage verändert.
MATERIAL	- Malblock DIN A3 - Wasserfarben oder ausgewählte Dispersionsfarben - Borsten- und/oder Haarpinsel - Kalenderbild (Landschaft, Stadtansicht o. Ä.) oder dunkles Tonpapier ca. DIN-A3-Format - Schere, Klebstoff/Klebestift
ARBEITSWEISE (Einzelarbeit)	1. Mehrere Flammen malen, wobei kleinere und größere Flammen sowie Flammengruppierungen erprobt und dargestellt werden. 2. Das Bild trocknen lassen, eine Bildvorlage bzw. einen Bildgrund auswählen. 3. Einzelne Flammenformen ausschneiden, probeweise auf der Unterlage anordnen und dann aufkleben. Die kleineren Flammen werden oben/hinten aufgeklebt, die größeren kommen nach vorne. Vielfältige Überschneidungen sind erwünscht.
ZEITAUFWAND	circa zwei Unterrichtsstunden
HINWEISE/TIPPS	- Die Machart dieser Arbeit (Kombination von zwei „Bildschichten") kann auch auf andere Motive und Aufgabenstellungen übertragen werden: Die Wanderdünen kommen; Riesenwogen bedrohen die Stadt; Das Hochwasser kommt bedrohlich näher; Hochwirbelnder Qualm; Aufstieg der Wurzelgeister usw. - Erfahrungen mit Feuer, Bränden, Feuerwehr usw., Vorbeugung, Verhinderung, Bekämpfung, Verhalten (Sachunterricht) - Musik (Geräusche, Klänge), Deutsch (Geschichten) - Sind keine oder nicht genügend geeignete Kalenderbilder vorhanden, können auch Kopien eingesetzt werden. Diese werden noch vor dem endgültigen Aufkleben der Flammen teilweise deckend und/oder durchscheinend übermalt.
WERKBETRACHTUNG	- Schülerarbeiten - Abbildungen, Dias von Großfeuern wie Waldbrände, Ölbrände u. Ä. - Turner: Brand des Parlamentsgebäudes

| FARBE | ICH VERSTECKE EIN FRÖHLICHES EREIGNIS | KLASSE 3-4 |

ZIELVORSTELLUNG Wirkungen von Farben wahrnehmen und einsetzen. Ein individuell gewähltes fröhliches Ereignis wird zwischen bunten Kreisen und Formen „versteckt", damit es nicht sofort auffällt. Vorangehen sollte eine Bildbetrachtung/Wahrnehmungsübung zu Delaunays „Hommage à Blériot".

MATERIAL
- Malblock DIN A3
- Wasserfarben, Borstenpinsel, Deckweiß

ARBEITSWEISE (Einzelarbeit)
1. Bildbetrachtung/Wahrnehmungsübung. Anlass für das Bild war die erste Kanalüberquerung des französischen Flugpioniers Bleriot. Erkennen/Aufspüren einzelner konkreter Objekte, Beschreiben der Farben und Farbformen sowie deren Kombinationen.
2. Finden und (teilweises) Umsetzen des persönlichen Ereignisses. Spontanes, umrisshaftes Skizzieren mit wässriger Farbe.
3. Malen vielfältiger Farbformen, vor allem Kreise und Ringe in vielfältigen Variationen und bunten, freundlichen Farben.
4. Farbiges Ausgestalten des Ereignisses (einzelne Bildteile) und der noch freien (weißen) Umgebung.

ZEITAUFWAND circa 20-30 Minuten für die Wahrnehmungsübung, mindestens 60 Minuten für die praktische Arbeit

HINWEISE/TIPPS
- Sammeln und Notieren der wiedererkennbaren Bildteile an der Tafel (Propeller, Vorderteil eines Flugzeugs, Eiffelturm usw.), Sammeln/Beschreiben von Farben und Farbkombinationen
- Fröhliche, freudige Situationen aus dem eigenen Erfahrungsbereich, Beispiele/Hilfen für die praktische Umsetzung
- Einige Ereignisse auf den Schülerarbeiten sollten aufgespürt werden

WERKBETRACHTUNG
- Schülerarbeiten
- Delaunay: Hommage à Blériot (Neckar Verlag)

Delaunay: Hommage à Blériot

| FARBE | NACH DER SCHLAMMSCHLACHT | KLASSE 3-4 |

ZIELVORSTELLUNG	Verändern von vorgegebenen Personen durch teilweises Übermalen. Ermischen von schlamm- oder schlickartigen Farben.
MATERIAL	- Malblock DIN A3 - Wasserfarben, Borstenpinsel - Kataloge und Prospekte - Schere, Klebstoff
ARBEITSWEISE (Einzelarbeit)	1. Personen (Erwachsene und Kinder) grob ausschneiden und auf dem DIN-A3-Block anordnen/gruppieren. Die großen Figuren nach vorne, die kleinen Figuren nach hinten. Mit den kleinen Figuren beginnen, nach vorne können die größeren Figuren die kleineren stellenweise verdecken. 2. Die Umgebung (Himmel, Wiese, Meer, Sumpf o. Ä.) malen und die Farbe trocknen lassen. 3. In der Zwischenzeit „Schlammfarben" ermischen, Teile der Umgebung und teilweise die Figuren übermalen.
ZEITAUFWAND	mindestens 90 Minuten bei mehreren ausgeschnittenen Figuren
HINWEISE/TIPPS	- Die Machart dieser Arbeit (teilweises Übermalen von montierten Bildern) kann auch auf andere Motive und Aufgabenstellungen übertragen werden: im rot-gelb-blauen Diskolicht, blau-grün-gelb-saurer Platzregen, bunte Schattenbilder u. Ä. - Die Bilder sollten besonders an den Randbereichen gut aufgeklebt werden. - Einzelne Bildteile können deckend, einzelne durchscheinend übermalt werden.
WERKBETRACHTUNG	- Schülerarbeiten

| FARBE | BLICK DURCH DIE ROSAROTE BRILLE | KLASSE 3-4 |

ZIELVORSTELLUNG	Ein Blick durch eine Farbfolie zeigt, dass die Umgebung in abgestuften Farbtönen der Folienfarbe erscheint. Dies soll praktisch durch Ermischen unterschiedlicher Rosatöne nachvollzogen werden. Dabei können eher normale, aber auch exzentrische Brillenformen möglichst Format füllend gestaltet werden. Der Rest der Umgebung erscheint in normalen Gegenstandsfarben.
MATERIAL	- Malblock DIN A3 - Wasserfarben, Deckweiß - Borstenpinsel
ARBEITSWEISE (Einzelarbeit)	1. Anlegen der Brillenform und skizzenhafte Darstellung der gesamten Umgebung mit wässriger Farbe (einfach veränderbar, übermalbar) 2. Ermischen unterschiedlicher Rosatöne. Damit werden die Binnenflächen (Brillengläser) bemalt. 3. Bemalen der Umgebung mit den natürlichen Farben.
ZEITAUFWAND	mindestens 45 Minuten
HINWEISE/TIPPS	- Seh- und Sichtexperimente mithilfe verschiedener Farbfolien; vielfältige Variationen sind möglich (ein Auge, beide Augen, gleiche Farben, unterschiedliche Farben, eine Folie, zwei oder mehrere Folien übereinander) - normale und extravagante Brillendesigns (rund, viereckig, dreieckig, herzförmig usw.) - Sonnenbrillen - Experimentelles Überzeichnen und Übermalen von Köpfen aus Illustrierten, Prospekten und Katalogen
WERKBETRACHTUNG	- Schülerarbeiten - Brillenprospekte, Brillenwerbung - Kunstbeispiele, vor allem Ton-in-Ton-Malereien und monochrome Bilder, zum Beispiel: Murillo: Bettelbuben beim Würfelspiel (Neckar Verlag) Dubuffet: Bäuerliche Tür (Neckar Verlag) Thoma: Waldwiese (Neckar Verlag) Friedrich: Frau und Mann den Mond betrachtend (Kunstkreis Korntal)

| FARBE | EIN FAHRZEUG RAST VORBEI | KLASSE 3-4 |

ZIELVORSTELLUNG	Ermischen von vielfältigen Farbtönen; dazu kommen Mischungen mit Deckweiß. Durch die Farbauswahl und einen Farbauftrag durch teilweise linienhafte, strichelnde Malweisen kann der Eindruck von Geschwindigkeit nachempfunden und dargestellt werden.
MATERIAL	- Malblock DIN A3 oder Tonpapier - Wasserfarben, Deckweiß/weiße Dispersionsfarbe - Borstenpinsel
ARBEITSWEISE (Einzelarbeit)	1. Skizzieren des Fahrzeugs mit wässriger Farbe 2. Ausgestalten/Bemalen des Fahrzeugs 3. Bemalen der Umgebung mit unterschiedlichen, vorwiegend waagerecht verlaufenden Farblinien und Farbstrichen
ZEITAUFWAND	mindestens eine Unterrichtsstunde
HINWEISE/TIPPS	- Betrachtung von „Geschwindigkeitsbildern" (Skirennen, Autorennen, Motorradrennen usw.) - Demonstration der Arbeitsweise, falls die Maltechnik noch nicht bekannt ist. - Weitere Bezüge zu Bewegung sichtbar machen/darstellen: Springbrunnen, Gebirgsbach, Wasserfall, Feuerwerk, Vulkanausbruch usw. - Bezüge auch im Bereich Grafik und Fotografie
WERKBETRACHTUNG	- Schülerarbeiten - Sportfotografie (Illustrierte, Zeitungen, Sportbücher) - Kunstwerke, zum Beispiel Werke von Appel, Francis, Boccioni u. a.

| FARBE | DURCH DIE SCHLAMMPFÜTZEN | KLASSE 3-4 |

ZIELVORSTELLUNG	Durch eine Schlammpfützenlandschaft – von oben gesehen – zu laufen oder zu fahren bringt nicht nur Spaß, man sieht auch etwas. Es kommt also darauf an, verschiedene Bewegungsspuren sichtbar zu machen.
MATERIAL	– Malblock DIN A3, Rückseite einer Tapete oder Papiere mit möglichst glatter Oberfläche – Wasserfarben, Dispersions- o. a. Farben – Borstenpinsel – Minispielzeugautos, Finger (…)
ARBEITSWEISE (Einzelarbeit)	1. Anlegen einer Schlammpfützenlandschaft möglichst von oben gesehen. 2. Ist die Landschaft fertig, werden die Schlammpfützen mit viel wässriger Farbe angereichert. 3. Durch diese tiefen Schlammpfützen laufen „Schülerfinger" und fahren Minispielzeugautos. Sie hinterlassen deutliche Bewegungsspuren.
ZEITAUFWAND	mindestens 30 Minuten
HINWEISE/TIPPS	– Die Fahrten durch die Schlammpfützen sollten zeitlich beschränkt werden, denn man sollte später auch noch Teile der ursprünglichen Landschaft und einige Bewegungsspuren erkennen. – Die Thematik „Bewegungsvorgänge sichtbar machen" kann erweitert werden durch Rollen mit eingefärbten Kugeln, Murmeln u. Ä. auf dem Papier, durch Auftropfen und Verlaufenlassen von Flüssigfarben, durch Schnur- oder Kordeldruck usw. Dabei kann Arbeit an Stationen (präparierte Gruppentische) eingesetzt werden.
WERKBETRACHTUNG	– Schülerarbeiten – Kunstbeispiele: Bilder mit farbigen Bewegungsspuren, z. B. von Pollock, Appel, van Gogh, Derain, Wols u. a.

Pollock: Unformed figure

FARBE	ICH ALS …	KLASSE 3-4

ZIELVORSTELLUNG	Übermalen einer veränderten Bildvorlage (Picasso: Paul als Harlekin) in einer bestimmten Wirkungs- und Darstellungsabsicht und freies Ausgestalten der Umgebung. Dabei sollen möglichst ein fein differenziertes Farbspektrum eingesetzt sowie Farbwirkungen berücksichtigt werden. Es wäre wünschenswert, wenn innerhalb einer Klasse viele inhaltliche und auch farbige Varianten entstehen könnten.
MATERIAL	- Kopiervorlage (nach Picasso) vergrößern auf DIN A3 - Wasserfarben, Deckweiß - Borstenpinsel, Haarpinsel
ARBEITSWEISE (Einzelarbeit)	1. Bildbetrachtung/Wahrnehmungsübung (Picasso: Paul als Harlekin). 2. Erörterung anderer Verkleidungen zu bestimmten Anlässen (Fasching, Karneval, Theaterspiel usw.). Jedes Kind entscheidet sich für eine Möglichkeit (Ich als Prinzessin, Cowboy, Superman usw.). 3. Bemalen der Figur und der Umgebung nach eigenen Vorstellungen. Es sollte dabei eine bestimmte Situation gewählt werden. Die Umgebung kann, muss aber nicht als bestimmte Situation erkennbar sein.
ZEITAUFWAND	mindestens 45 Minuten
HINWEISE/TIPPS	- Das Picassobild vermittelt besonders durch die Umgebung des Kindes einen nicht vollendeten Eindruck. Darüber kann spekuliert werden. - Die Kopiervorlage ist so gestaltet, dass auch Gesicht und Haare der eigenen „Vorlage" (Selbstporträt) entsprechend angepasst und verändert werden können. - „Vorzeichnungen" sollten weitgehend vermieden werden. Zu kleine Flächen können mit dem Pinsel nicht gut ausgemalt werden. - Zusammenschau unterschiedlicher Bezeichnungen, Erscheinungsweisen und Geschichten (Clowns, Harlekin, Pierrot, Eulenspiegel usw.).
WERKBETRACHTUNG	- Schülerarbeiten - Faschings-, Karnevals- und andere Kostümbilder (Privatbilder, Illustrierte) - Picasso: Paul als Harlekin (Kunstkreis Korntal u. a.)

| FARBE | MIT DICKEN KONTUREN | KLASSE 3-4 |

ZIELVORSTELLUNG

Durch starkes Konturieren (Umreißen/Umfahren) einer Farbfläche kann die (Kontrast-)Wirkung einer Farbfläche gesteigert werden. Die SchülerInnen können auch mehrere Varianten erproben und hinsichtlich der Bildwirkung beurteilen. Innerhalb der Farbflächen kann ein fein differenziertes Farbspektrum (Mischen/Aufhellen/Trüben) hergestellt werden.

MATERIAL

- Malblock DIN A3 (Hoch- oder Querformat)
- Wasserfarben, Deckweiß/weiße Dispersionsfarbe
- Borstenpinsel

ARBEITSWEISE (Einzelarbeit)

1. Bildbetrachtung/Wahrnehmungsübung (Rouault): Erörterung des Bildaufbaus und der Farbwirkung. Als Besonderheit ergibt sich das starke Konturieren von Bildteilen.
2. Skizzieren des Bildes mit wässriger Farbe, Konturierung der wichtigsten Bildteile.
3. Farbig differenzierte Ausgestaltung der einzelnen Flächen.

ZEITAUFWAND

mindestens 60 Minuten

HINWEISE/TIPPS

- Es kann abstrakt (Formen) oder gegenständlich gearbeitet werden.
- Zu einem einfachen Motiv können zwei oder mehr Farbvarianten entstehen (Absprache an Gruppentischen), die dann miteinander verglichen werden können.
- Ähnlich gelagerte Problemstellungen können besonders bei kleineren Formaten auch als zeitliche Differenzierungsaufgaben oder als Freiarbeit eingesetzt werden.

WERKBETRACHTUNG

- Schülerarbeiten
- Kunstbeispiele:
  Rouault: Kreuzigung oder andere Werke von Georges Rouault
  Kirchner: Sonnenblumen (Kunstkreis Korntal)
  Miró: Vuelo de pájaros (Kunstkreis Korntal)
  Bunte Kirchenfenster/Glasmalerei

| FARBE | SPIEGELBILDER | KLASSE 3-4 |

ZIELVORSTELLUNG	Umgehen mit Grundfarben und Mischen von Farben. Flächenhaftes, fleckhaftes, strichelndes und punktierendes Malen mit dem Borstenpinsel. Kontrastwirkung von Figur und Grund/Umgebung. Dabei können auch überraschende, unmögliche Spiegelbilder entstehen.
MATERIAL	- Malblock DIN A3, Borstenpinsel - Wasserfarben - Deckweiß/weiße Dispersionsfarbe - Spiegel
ARBEITSWEISE (Einzelarbeit)	1. Erproben von Spiegelungen, eventuell Motivationsspiegelgeschichte zu den kleinen eitlen Schwächen oder mit überraschendem Ausgang. 2. Anlegen eines relativ großen Spiegels und einer Figur (von hinten gesehen) mit wässriger Farbe. 3. Malen des Raumes (einfarbig oder einfache Tapetenmuster). 4. Kontrastreiches Malen der Figur und des „normalen" oder überraschenden Spiegelbildes.
ZEITAUFWAND	mindestens eine Unterrichtsstunde
HINWEISE/TIPPS	- Die Motivstellung kann individuell variiert werden. - Die Aufgabe erhält einen zusätzlichen Reiz durch die Möglichkeit unmöglicher Spiegelbilder. - Geschichten (er)finden (Deutsch). - Verbindungen zum grafischen Bereich (Spiegelungen, symmetrische und asymmetrische Figuren), zum Bereich Plastik/Raum (Guckkastenmodell Spiegelraum) oder zum Bereich Spiel/Aktion (Gestik, Mimik, Bewegungen „spiegeln"). - Verbindungen zu Mathematik.

WERKBETRACHTUNG	- Schülerarbeiten
	- Farbige und grafische Illustrationen zur Grundproblematik
	- Kunstbeispiel:
	  Magritte: Verbotene Reproduktion (Neckar Verlag)
	  Estes: Bus-Fenster

FARBE	DIE ERDFARBEN WOLLEN ZU DEN BUNTEN	KLASSE 3-4

ZIELVORSTELLUNG — Umgehen mit Grundfarben und Mischen von Farben. Flächenhaftes, fleckhaftes, strichelndes und punktierendes Malen mit dem Borstenpinsel. Diese nicht gegenstandsorientierte Aufgabe dient zum gezielten Ermischen und Darstellen eines Farbenspektrums mit entsprechenden Kontrastwirkungen.

MATERIAL
- Malblock DIN A3, Blätter bis DIN A1, Borstenpinsel
- Wasserfarben
- Deckweiß/weiße Dispersionsfarbe
- eventuell Montageteile (Bildteile, kleine Ästchen, Rindenstückchen, getrocknete Blätter, eingekleistertes und zerknülltes/gerolltes Zeitungspapier u. Ä.), Kleister, Klebstoff, doppelseitiges Klebeband

ARBEITSWEISE (Einzelarbeit Partnerarbeit Gruppenarbeit)

1. Motivationsgeschichte nach dem Motto „Auf der anderen Seite ist es schöner als auf der eigenen Seite".
2. Die unterschiedlichen Farbflächen müssen zunächst durch eine Barriere (dunkle Farblinien, Montage von Kleinteilen) voneinander getrennt werden. Die Trennungslinie soll die Blattfläche (senkrecht, waagerecht oder diagonal) in etwa halbieren.
3. Ausmalen der beiden Farbflächen in entsprechender Farbgebung mit möglichst verschiedenen Farben bzw. vielen Mischungen.
4. Einige wenige Erdfarbenflecken und Striche haben es geschafft, die Abgrenzung zu überwinden und in die Buntfläche zu kommen.

ZEITAUFWAND — mindestens 60 Minuten

HINWEISE/TIPPS
- Die Aufgaben-/Problemstellung kann vielfältig variiert werden.
- Die Aufgabe erhält einen zusätzlichen Reiz durch den Bau der Barriere.
- Bei größeren Formaten ist Partner- und Gruppenarbeit möglich.
- Geschichten (er)finden (Deutsch)

WERKBETRACHTUNG
- Schülerarbeiten
- Farbige und grafische Illustrationen zur Grundproblematik
- Kunstbeispiel: Paul Weber: Die Erschließung

| FARBE | FLIMMERNDE SOMMERHITZE | KLASSE 3-4 |

ZIELVORSTELLUNG	Das Phänomen des Flimmerns über heißem Asphalt wird in Verbindung mit dem Kennenlernen und praktischen Umsetzen von Maltechniken gebracht. Hier geht es um ein vielfältiges Setzen von Farbpunkten und Farbstrichen.
MATERIAL	- Malblock DIN A3 - Wasserfarben, Borstenpinsel (auch unterschiedliche Größe)
ARBEITSWEISE (Einzelarbeit)	1. Bildbetrachtung/Wahrnehmungsübung. Landschaftsbilder von Derain. 2. Eigene Erfahrungen zum Farbflimmern über einer heißen Fläche können verbalisiert und typische „Sommerlandschaften" erörtert werden. 3. Anlegen/Skizzieren der Situation mit wässriger Farbe. Punkt- und kurzstrichartiges Malen in vorwiegend hellen Farben. 4. Nach dem Trocknen können noch freie weiße Flächen mit verdünnter Farbflüssigkeit strichelnd oder tupfend bemalt werden.
ZEITAUFWAND	mindestens eine Unterrichtsstunde
HINWEISE/TIPPS	- Mit hellen Farben beginnen, zum Schluss kommen die dunkleren Farben. - Zunächst mit einer Farbe viele Farbpunkte bzw. Farbstriche anlegen, bevor wieder eine neue Farbe gewählt und aufgenommen wird. - Naturphänomen des Flimmerns (Sachunterricht).

WERKBETRACHTUNG	- Schülerarbeiten
	- „Flimmerbilder" (Fotos, Dias)
	- Kunstbeispiele:
	  Derain: Landschaftsbilder (Kunstkreis Korntal)
	  van Gogh: Landschaftsbilder (Neckar Verlag)

FARBE — LANDSCHAFT VON OBEN GESEHEN — KLASSE 3–4

ZIELVORSTELLUNG

Farbige Elemente (Felder, Wiesen, Straßen, Gebäude, Plätze usw.) regelmäßig oder unregelmäßig anordnen und gruppieren. Diese Arbeit kann auch in Verbindung mit dem Arbeitsbereich Grafik (Von oben gesehen) gebracht werden.

MATERIAL

- Malblock DIN A3
- Wasserfarben, Borstenpinsel
- Deckweiß/weiße Dispersionsfarbe

ARBEITSWEISE (Einzelarbeit)

1. Präsentation von Luftaufnahmen der eigenen Gemeinde bis hin zu Weltraumbildern. Wiedererkennbarkeit von Landschaften, Gruppierungsformen, ungewohnte Sichtweisen.
2. Gestalten eines Ausschnitts einer selbst gewählten Landschaft. Man beginnt mit Straßen, Plätzen, Flüssen oder Seen.
3. Die entstandenen Zwischenräume werden situationsabhängig mit unterschiedlichen Farbtönen ausgemalt.
4. Zum Schluss kommen die Gebäude und andere wichtige Details.

ZEITAUFWAND

mindestens eine Unterrichtsstunde

HINWEISE/TIPPS

- Verbalisieren von Auswirkungen des Perspektivewechsels (ein Berg erscheint als braungrauer Fleck, ein mehrstöckiges Riesensilo als kleines graues Rechteck usw.).
- Einbeziehen von Luftaufnahmen und Weltraumaufnahmen, Wiedererkennbarkeit, Farbgebungen, Farbkombinationen, Farbveränderungen im Laufe der Jahreszeiten u. Ä.
- Im Bereich Grafik werden teilweise unter derselben Sichtweise und Anordnungsproblematik kleinere Ausschnitte gewählt.

WERKBETRACHTUNG

- Schülerarbeiten
- Luftaufnahmen, Weltraumbildatlas (Dias, Folien)

| FARBE | BUNTES STILLLEBEN MIT OBST | KLASSE 4 |

ZIELVORSTELLUNG	Im Gegensatz zu vielen dunkeltonigen altmeisterlichen Stillleben soll ein buntes, heiteres Stillleben mit Obst und eventuell auch Blumen gemalt werden. Innerhalb einer Klasse sollten viele Varianten entstehen.
MATERIAL	- Malblock DIN A3 (Hoch- oder Querformat) - Wasserfarben, Deckweiß/weiße Dispersionsfarbe - Borstenpinsel, Haarpinsel
ARBEITSWEISE (Einzelarbeit)	1. Bildbetrachtung/Wahrnehmungsübung: Stillleben ohne große Farbakzente. Erörterung des Bildaufbaus, der Gegenstände, Früchte und eventuell der Tiere 2. Skizzieren des eigenen Stilllebens mit wässriger Farbe 3. Farbige Ausgestaltung mit den bekannten Maltechniken
ZEITAUFWAND	mindestens 60 Minuten
HINWEISE/TIPPS	- Die Malerei kann in den bisher gelernten Malweisen (kleine und große Farbflächen malen, Farbpunkte und Farbstriche einsetzen, Pinsel auf der Stelle drehen usw.) erfolgen. - Es sollte eine bunte Obstmischung durch überlegte Anordnung entstehen. Stellenweise kommt es auch zu Überschneidungen (davor - dahinter). - Ähnlich gelagerte Problemstellungen können besonders bei kleineren Formaten auch als zeitliche Differenzierungsaufgaben oder in der Freiarbeit eingesetzt werden.
WERKBETRACHTUNG	- Schülerarbeiten - Kunstbeispiele: Flegel: Stillleben mit Kirschen (Neckar Verlag) Chardin: Stillleben mit Porzellankrug (Kunstkreis Korntal) Garzoni: Stillleben mit Kelchvase (Neckar Verlag) Cézanne: Stillleben mit Äpfeln

Garzoni:
Stillleben mit Kelchvase

| FARBE | SONNENUNTERGANG | KLASSE 4 |

ZIELVORSTELLUNG	Reine und gemischte Farben sollen angewandt und einer Situation entsprechend angeordnet werden. Auch Wirkung und Bedeutung der Farben spielen eine wichtige Rolle, denn es soll eine kahle Winterlandschaft entstehen.
MATERIAL	- Malblock DIN A3 - Deckfarben und Borstenpinsel, Deckweiß/weiße Dispersionsfarbe
ARBEITSWEISE (Einzelarbeit)	1. Anlegen/Skizzieren der Landschaft mit stark verdünnter Farbe. 2. Die Winterlandschaft sollte in unterschiedlichen Grautönen, der Himmel in unterschiedlichen Rottönen bzw. verwandten Tönen gestaltet werden. Es können aber auch eigene Farbvorstellungen realisiert werden. 3. Vereinzelt können auch Bäume, Sträucher, Zäune, Häuser u. Ä. einbezogen werden.
ZEITAUFWAND	mindestens 45 Minuten
HINWEISE/TIPPS	- Sonnenuntergänge unterschiedlicher Art, Farben der Sonne, Farben des Himmels, Spiegelungen im Wasser, vermittelte (Farb-) Stimmungen. - Sonnenuntergang/Sonnenaufgang als Naturphänomen (Sachunterricht). - Weitere Wetter- und Naturerscheinungen malen (aufziehender Nebel, Schneetreiben, Gewitter, Abendrot, Regenbogen usw.).
WERKBETRACHTUNG	- Schülerarbeiten - Sonnenuntergänge in Kinderbüchern, Urlaubsprospekten und in der Kunst, zum Beispiel: Monet: Impression Sonnenaufgang (Kunstkreis Korntal/Neckar Verlag)

Monet: Impression Sonnenaufgang

| FARBE | TRAUMLANDSCHAFT | KLASSE 4 |

ZIELVORSTELLUNG	Mit Hilfe vorgefertigter Farbabzüge (Decalcomanie) soll durch Kombinationen von Bildteilen eine fantastische Traumlandschaft collagiert und gegebenenfalls gemalt werden.
MATERIAL	- Malblock DIN A3/A4 oder Tonpapiere - vorgefertigte Blätter mit Farbabzügen (DIN-A4-Blätter, weiß oder getönt) - Schere, Klebstoff/Klebestift - Wasserfarben und Borstenpinsel
ARBEITSWEISE (Einzelarbeit)	1. Herstellen von Farbabzügen: Dabei wird schwarze oder eine andere dunkle Farbe mit einer helleren Farbe auf ein vorher gefaltetes, möglichst glattes (nicht sehr saugfähiges) Papier aufgetropft und wie bei der Abklatschtechnik zusammengedrückt. Es entstehen schlierenartige Farbgebilde. Wenn die Farbe noch flüssig ist, kann der „Quetschvorgang" mehrmals wiederholt werden. Die Farbschlieren werden dadurch meist intensiver. 2. Herstellen einer kleinen Auflage. Nach dem Trocknen werden besonders gelungene Ergebnisse ausgeschnitten. Hügel-, felsen-, baum- und moosartige Gebilde sind zu erkennen. 3. Probeweises Anordnen der ausgeschnittenen Bildteile. 4. Aufkleben der Bildteile zu einer fantastischen Landschaft. Teilweise Überschneidungen sind erwünscht. 5. Ausmalen der nicht beklebten „Freiflächen".
ZEITAUFWAND	mindestens 45 Minuten
HINWEISE/TIPPS	- Es sollten genügend Farbabzüge hergestellt werden. Die Reste können auch für andere Arbeiten (Schmuckpostkarten, Schmuckschachteln, Einbände, ...) genutzt werden. - Falls möglich auch farbige Papiere (buntes Schreibmaschinenpapier, ...) verwenden. - Alternative Themenstellungen: Auf einem fremden Planeten, Höhlenzauberwelt, Fantastische Unterwasserwelt.
WERKBETRACHTUNG	- Schülerarbeiten - Kunstbeispiele: Ernst: Totem und Tabu (Neckar Verlag) und andere Ernst-Bilder mit Decalcomanie

| FARBE | STARKE QUELLWOLKEN ZIEHEN AUF | KLASSE 4 |

ZIELVORSTELLUNG	Kennenlernen und Erproben der Malerei mit Weiß. Durch unterschiedliche, vorwiegend kreisende und strichelnde Bewegungen sollen Wolkenformationen dargestellt werden.
MATERIAL	- Regenbogenbuntpapier oder größeres Kalenderbild - weiße Dispersionsfarbe, zum Mischen Wasserfarben - kleiner Borstenpinsel - eventuell kleinere Bildteile, Schere, Klebstoff
ARBEITSWEISE	1. Etwas weiße Farbe aufnehmen und mit kleinen, fast kreisenden Bewegungen die Quellwolken aufmalen. 2. Stellenweises Abdunkeln der Wolken mit Wasserfarbe bzw. durch Mischen der Wasserfarbe mit Weiß. 3. Aufmalen bzw. Aufkleben eines kleinen Landschaftsstücks im unteren Bildteil, eventuell mit durchscheinenden Windbewegungen (flüssiges Weiß) in spurenhafter oder strichelnder Malweise.
ZEITAUFWAND	mindestens 30 Minuten
HINWEISE/TIPPS	- Andere Wolkenbilder: „Ich schwebe auf einer Wolke", „Über den Wolken", „Rosarote Wolke" - Wolken- und Sturmbilder mit entsprechenden Bewegungsspuren und Bildteilen - Musik (Hörbeispiele) - Sachunterricht
WERKBETRACHTUNG	- Schülerarbeiten - Kunstbeispiele: Magritte: Die große Familie (Kunstkreis Korntal) Zünd: Die Ernte (Kunstkreis Korntal) Monet: Flusslandschaft (Kunstkreis Korntal) Corot: Der Windstoß (Kunstkreis Korntal) Ruisdael: Die Mühle von Wijk (Neckar Verlag)

| FARBE | NAH UND FERN | KLASSE 4 |

ZIELVORSTELLUNG

Farben bestimmen weitgehend den Charakter von Landschaften und Räumen. Unterschiedliche Aspekte der Raumwirkungen von Farben sollen erkannt und angewandt werden. Hier geht es um „nah und fern", um eigene Erfahrungen hierzu und um bildnerische Umsetzungen in Kunstwerken.

MATERIAL

- Malblock, festes Papier oder Tapetenstück (mindestens DIN-A3-Format)
- Wasserfarben, Deckweiß
- Borstenpinsel, Haarpinsel
- etwas angerührter Tapetenkleister
- farbiges Bildmaterial

ARBEITSWEISE (Einzelarbeit)

1. Bildmaterial zuschneiden/zureißen. Tisch abdecken.
2. Die Blattfläche mit dem Borstenpinsel dünn mit Kleister bestreichen.
3. Collageteile in der unteren Bildhälfte anordnen und leicht überkleistern.
4. Passende Farben zwischen die Collageteile bringen, mit dem Borstenpinsel „vermalen".
5. Farbe für den Himmel oder den Hintergrund aufbringen und wie bereits beschrieben „vermalen".

ZEITAUFWAND

mindestens 30 Minuten

HINWEISE/TIPPS

- Bildteile rechtzeitig sammeln (alte Kalenderbilder, Haus- und Gartenzeitschriften bzw. Kataloge, Illustrierte usw.).
- Bildteile möglichst von oben/hinten nach unten/vorne aufkleben. Die Bildteile sollten ein Drittel bis maximal die Hälfte der Blattfläche füllen.
- Weitere Raumwirkungen können auch durch Regenbogenbuntpapier und daraufmontierte Bildteile erzielt werden.

WERKBETRACHTUNG

- Schülerarbeiten
- Landschaftsbilder:
  van Gogh: Kornfelder mit Krähen (Neckar Verlag)
  Rousseau: Urwaldlandschaft (Neckar Verlag)
  Seurat: Ein Sonntagnachmittag ... (Neckar Verlag)
  Gauguin: Nahe beim Meer (Neckar Verlag)
  Bonnard: In einem südlichen Garten (Neckar Verlag)
  Ernst: Totem und Tabu (Neckar Verlag)

Seurat:
Ein Sonntagnachmittag

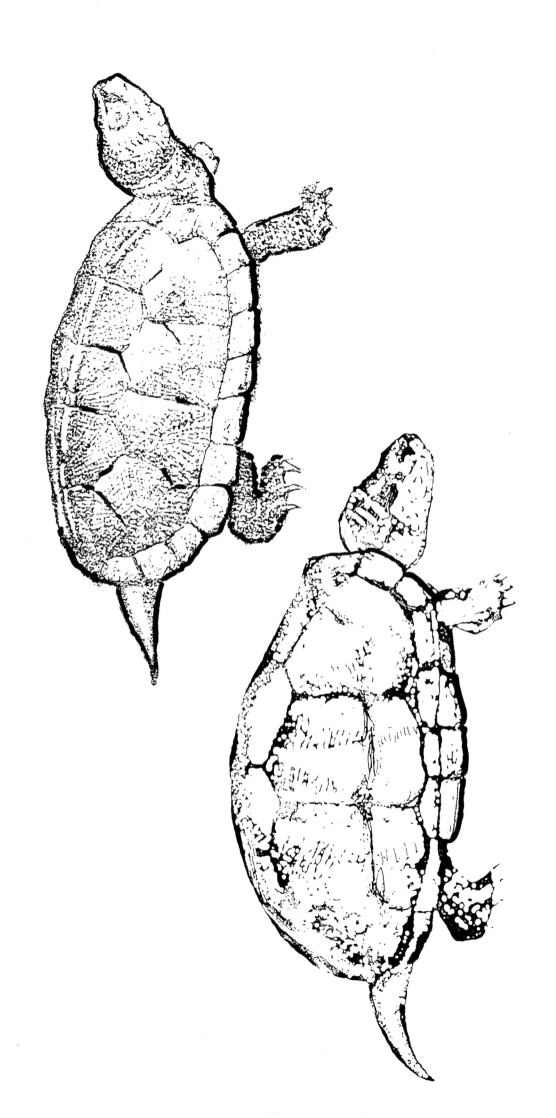

Weiterführende Literatur

Bräuer, Gottfried u. a.	Zugänge zur ästhetischen Elementarerziehung Verschiedene Studieneinheiten Tübingen (Deutsches Institut für Fernstudien) 1997–1990
Barth, Walter	Bildbetrachtung als Wahrnehmungsübung und Kontextunterricht Frankfurt/M., Bern, New York 1985
Barth, Walter	Der Schüler als (lernender) Autor im Kunstunterricht (steht zur Veröffentlichung an)
Kiesel, Manfred	Bildende Kunst in der Grundschule. Ein Handbuch Bad Heilbrunn 1996
Klant, Michael u. a.	Grundkurs Kunst 1, Malerei, Grafik, Fotografie Hannover 1988
Regel, Günther (Hrsg.)	Moderne Kunst – Zugänge zu ihrem Verständnis Stuttgart 1994
Schütz, Helmut G., Schiementz, Walter	Kunstpädagogische Einsichten Baltmannsweiler 1988

Der Abdruck der Kunstabbildungen erfolgte mit freundlicher Genehmigung des Neckar-Verlages Villingen-Schwenningen.
Der Verlag bietet preisgünstige Großdrucke und Sammelmappen „Meisterwerke der Kunst" für den Unterrichtseinsatz.
Neckar Verlag, Klosterring 1, 78050 Villingen-Schwenningen

Kreative Kunstideen für kleine Künstler!

Manfred Kiesel

Kreativer Kunstunterricht in der Grundschule

Band 2: Grafik

Kunstunterricht leicht gemacht: Wie in seinem Band „Farbe" bietet der Autor eine große Vielfalt an Themen und Arbeitstechniken des grafischen Gestaltens an.
Zu jedem Thema erhalten Sie einen Leitfaden für Ihren Kunstunterricht: Ziele, Materialvorschläge, Vorgehen im Unterricht und Werkbetrachtungen der zahlreichen Schülerarbeiten.

Band 3: Körper und Raum

Objektkunst in der Schule! Die Angaben zur Durchführung beziehen sich auf konkrete bildnerische oder technische Zielvorstellungen, Materialien und Techniken, unterrichtliche Vorgehensweisen sowie Hinweise zu möglichen Werkbetrachtungen. Neben Abbildungen von Schülerarbeiten zu jedem Aufgabenvorschlag gibt Manfred Kiesel weitere Tipps, welche die Unterrichtsvorbereitung sehr erleichtern.

Band 2: Grafik
152 S., DIN A4, kart., farbig
▸ Best.-Nr. **3174**

Band 3: Körper und Raum
160 S., DIN A4, kart., farbig
▸ Best.-Nr. **3521**

Jutta Ströter-Bender

Claude Monet
im Kunstunterricht
Kreative Ideen für die Grundschule

▸ Leben und Werk Claude Monets kennenlernen, kreativ tätig werden!

Wer war Claude Monet? Wo und wie lebte er? In diesem Buch nimmt die Autorin Sie und Ihre Schüler/-innen mit auf eine inspirierende Reise in die Welt des großen Impressionisten. Sie zeigt Ihnen zahlreiche außergewöhnliche und kreative Ideen und Aufgaben, die Sie leicht im Unterricht ein- und umsetzen können. Jede **Unterrichtseinheit** gliedert sich übersichtlich in Informationen und Bildmaterial zu folgenden Bereichen: allgemeine Informationen für die Lehrkraft, mögliche Vorgehensweisen und Kopiervorlagen. Die Reise führt u.a.: in das Atelier Monets, auf sein Atelierboot, zum Bahnhof Saint-Lazare, zur Seine, nach Giverny zum berühmten Seerosenteich mit der japanischen Brücke. Das gibt u.a. Anlass, eine Staffelei für das Klassenzimmer zu bauen, ein eigenes Atelierboot zu entwerfen, Wasser und Dampf malerisch darzustellen, ein Himmelstagebuch zu führen oder Visitenkarten für außergewöhnliche Seerosen zu entwerfen.

Buch
112 S., DIN A4, kart., farbig
▸ Best.-Nr. **4494**

Folienmappe
25 Farbfolien, DIN A5
▸ Best.-Nr. **4612**

BESTELLCOUPON

Ja, bitte senden Sie mir / uns

Manfred Kiesel
Kreativer Kunstunterricht in der Grundschule

___ Expl. **Band 2: Grafik**   Best.-Nr. **3174**

___ Expl. **Band 3: Körper und Raum**   Best.-Nr. **3521**

Jutta Ströter-Bender
Claude Monet im Kunstunterricht

___ Expl. **Buch**   Best.-Nr. **4494**

___ Expl. **Folienmappe**   Best.-Nr. **4621**

mit Rechnung zu.

Bequem bestellen direkt bei uns!
Telefon: 01 80 / 5 34 36 17
Fax: 09 06 / 7 31 78
E-Mail: info@auer-verlag.de
Internet: www.auer-verlag.de

Bitte kopieren und einsenden/faxen an:

Auer Versandbuchhandlung
Postfach 11 52
86601 Donauwörth

Meine Anschrift lautet:

_____
Name/Vorname

_____
Straße

_____
PLZ/Ort

_____
E-Mail

_____
Datum/Unterschrift